普通高等职业教育规划教材
21世纪卓越汽车应用型人才培养专用教材

汽车底盘构造与检修

实训项目作业书

组　编　华汽教育
主　编　孙兴海
副主编　何云峰　于得江　宋萍康
主　审　夏令伟

同济大学出版社
TONGJI UNIVERSITY PRESS

内 容 提 要

本书是“汽车底盘构造与检修”课程的配套实训教材，在内容安排上本着近期“必需够用”和将来“迁移可用”的原则，以培养学生实际工作的基本能力和基本技能为目的。

全书共15个实训项目，包括：底盘总体结构认识，变速器总成的拆装（选做），离合器及操纵机构的拆装与检修，二轴变速器及操纵机构的拆装与检修，万向传动装置的拆装与检修，驱动桥的拆装与检修，车轮定位的检查和调整，车轮与轮胎的拆装与检测，悬架的拆装与检修，转向系统的拆装与检修，液压动力转向系统的组成认识与检测，制动系统拆装与调整，防抱死制动系统（ABS）的检修，牵引力和稳定性控制系统认识，汽车底盘竣工验收。

本书不仅可以作为在校学生学习“汽车底盘构造与检修”实践操作技能的教材，也可以作为汽车从业人员业务培训和汽车维修职业技能资格考核的教材。

图书在版编目（CIP）数据

汽车底盘构造与检修实训项目作业书/孙兴海主编. --上海：同济大学出版社，2010.8(2016.12重印)

普通高等职业教育规划教材　21世纪卓越汽车应用型人才培养专用教材

ISBN 978-7-5608-4400-8

Ⅰ. ①汽… Ⅱ. ①孙… Ⅲ. ①汽车－底盘－结构－高等学校：技术学校－教学参考资料②汽车－底盘－车辆修理－高等学校：技术学校－教学参考资料 Ⅳ. ①U472.41

中国版本图书馆CIP数据核字(2010)第151033号

普 通 高 等 职 业 教 育 规 划 教 材
21世纪卓越汽车应用型人才培养专用教材

汽车底盘构造与检修实训项目作业书

组编　华汽教育　**主编**　孙兴海　**副主编**　何云丰　于得江　宋萍康　**主审**　夏令伟

责任编辑　姚烨铭　**责任校对**　徐春莲　**封面设计**　庞　波　**项目执行**　陈佳蔚

出版发行　同济大学出版社（www. tongjipress. com. cn　地址：上海市四平路1239号
邮编 200092　电话 021－65985622）

经　销　全国各地新华书店

印　刷　常熟市大宏印刷有限公司

开　本　889 mm×1194 mm　1/16

印　张　13.5

印　数　24301-25300

字　数　432 000

版　次　2010年8月第1版　2016年12月第12次印刷

书　号　ISBN 978-7-5608-4400-8

定　价　29.00元

普通高等职业教育规划教材
21世纪卓越汽车应用型人才培养专用教材

编审委员会

序

汽车产业是我国最重要的支柱产业之一，对国民经济的发展起着重要的作用。经过几代人的共同努力，20世纪90年代初我国的汽车产业进入了前所未有的全面快速发展阶段。2009年国内汽车产业实现了历史性跨越，以年产、销量均超1 000余万辆而居全球之首。

我们国家虽已成为汽车大国，但还远不是汽车强国。我们还没有大型国际化汽车公司，没有世界知名的自主汽车品牌，没有完全掌握汽车工业的核心技术，对国外汽车市场的开拓尚处于起步阶段。显然，要成为汽车强国，任重而道远。

汽车产业具有人才密集、资金密集、技术密集、装备集约化和生产规模化的特点。在这些产业要素中，专业人才具有极为重要的地位。无论是在汽车的研发、制造等汽车产业链的前端，还是在汽车的销售、应用、维修乃至报废处理等汽车产业链的后端，都需要大批具备基本理论知识、掌握现代汽车核心技术、具有熟练操作技能的工程技术人员和技术工人。

就汽车后市场而言，随着我国汽车产业的加速发展、汽车技术的不断进步、汽车社会保有量的持续增加，从事汽车技术服务与营销、汽车检测与维修的从业人员已日益增多，对高质量、高技能人才的需求仍将不断扩大，各类训练有素的高技能人才的短缺是不争的事实，这已引起全国上下的广泛关注。

开展多层次、多种形式的职业教育，加强从业人员的职前和职后培训，是解决汽车专业人才紧缺的有效途径。为此，许多高等职业院校增设了汽车专业，与汽车技术普及和提高相关的各类培训机构和技能鉴定机构亦大量涌现，职业教育呈现出良好的发展势头。然而，由于传统教学体制和教学理念的局限性，高等职业院校的专业建设水准与汽车产业发展的实际需要还有很大差距；各类培训机构也同样面临提高培训质量的问题。诚如教育部"教高[2006]16号文件《关于全面提高高等职业教育教学质量的若干意见》"中所指出的，"随着我国走新型工业化道路、建设社会主义新农村和创新型国家对高技能人才要求的不断提高，高等职业教育既面临着极好的发展机遇，也面临着严峻的挑战"。显然，提高教育质量和技能培训质量是当前高等职业教育面临的最大挑战。

教材建设是高等职业院校专业建设的基石，是人才培养计划得以成功的必要条件，是提高高等职业教育质量的重要保障。为认真贯彻党的十七大会议精神和《国务院关于大力推进职业教育改革与发展的决定》，根据教育部大力推动技能型紧缺人才培养培训工程的指导思想，同济大学出版社联合上海中锐教育集团旗下的华汽教育、无锡南洋职业技术学院以及与中锐教育集团合作开办汽车相关专业的全国15所高等职业院校，在总结近几年教学经验的基础上，组织编撰了"普通高等职业教育规划教材·21世纪卓越汽车应用型人才培养专用教材"丛书。

为了做好教材的组编工作，编撰人员深入探讨了国内高等职业院校的特点和教学规律，对德国、美国、日本等发达国家的汽车职业教育进行了多次考察，同时结合中锐教育集团为汽车生产厂商开发企业内部培训课程的经验，力求在"因材施教、学以致用"上有所突破；力求在"淡化学科分类、突出综合应用"

上有所突破;力求在高等职业院校教材的内容、体例、风格上有所突破。

本丛书是为培养高素质、高技能紧缺人才而编写的,为此组建了以高等院校、高等职业技术学院、汽车工程学术组织、汽车技术研究机构、汽车生产企业、汽车经销服务企业、汽车维修行业协会、汽车流通行业协会以及汽车职业技能培训机构等各方人士相结合的教材编审委员会,以保证教材质量,促进我国高等职业教育事业的发展,造福于莘莘学子。

真诚地希望本丛书的出版能对我国的职业教育和技能培训有所裨益,热切期待广大读者提出宝贵意见和建议,使教材更臻完善。

李理光

2010年7月

前　言

加强实训是高等职业院校提高教学质量的重点。《汽车底盘构造与检修实训项目作业书》是“汽车底盘构造与检修”课程的配套实训教材，在内容安排上本着近期“必需够用”和将来“迁移可用”的原则，以培养学生实际工作的基本能力和基本技能，具备受益一生的职业岗位关键能力，并努力使学生通过实训教学获得就业的技能和创业的本领。

本教材的特色和说明如下：

1. 本书编者结合高等职业教育特点，在对汽车企业进行实践和广泛调研的基础上，结合了目前汽车维修市场的实际状况，根据汽车维修企业对汽车维修人员的岗位能力要求，按照模块化教学方法的要求进行了知识和技能的整合，突出技能培训。

2. 本书将传统的实训指导书、实训报告和当前流行的工作页进行整合，将各优点集合在一起，实用简练，具有很强的可操作性，可以作为教师的实训指导、课前实训设备与材料的准备依据；可以供学生实训课前的自学与预习、实训操作的辅导、实训操作过程的记录和实训后的复习与思考，巩固实训效果。

3. 本书突出基本理论知识对实训操作的指导，规范学生操作，培养学生自主学习和工作业务的研究方法。不仅具有工作页的基本特点，而且具有培养高职学生全局观念和综合分析能力的作用。

4. 我国汽车维修企业类型有汽车制造厂的售后4S服务站、综合修理厂和快修店等，本书中的拆装操作方法与步骤基本参照原厂维修资料，同时考虑到综合修理厂难以购置到个别专用拆装工具，所以个别拆装方法和工具的选用兼顾参照综合修理厂的维修方法。

5. 为了便于实训教学，购置拆装的汽车底盘系统各部件需要考虑规格型号相同、批量购置、价格低廉等因素，所以本书主要采用桑塔纳乘用车的底盘。

本实训项目作业书不仅可以作为在校学生学习“汽车底盘构造与检修”实践操作技能的教材，也可以作为汽车从业人员业务培训和汽车维修职业技能资格考核的教材。

本实训项目作业书由无锡南洋职业技术学院教师编写，孙兴海任主编，何云峰、于得江、宋萍康任副主编，夏令伟任主审。在编写过程中，借鉴了大众汽车维修资料，在此表示衷心的感谢。

由于水平有限，不足之处在所难免，恳请读者提出宝贵意见。

编　者

2010年6月

目 录

序
前言
实训一 底盘总体结构认识 …… 1
一、实训指导 …… 1
(一) 实训目标 …… 1
(二) 安全要求及注意事项 …… 1
(三) 设备/工具/耗材要求 …… 1
(四) 实训操作指导 …… 1
1. 认识乘用车底盘四大系统 …… 1
2. 认识客车(货车)底盘四大系统 …… 5
二、工作页 …… 8
三、复习思考题 …… 9
实训二 变速器总成的拆装(选做) …… 10
一、实训指导 …… 10
(一) 实训目标 …… 10
(二) 安全要求及注意事项 …… 10
(三) 设备/工具/耗材要求 …… 10
(四) 实训操作指导 …… 11
1. 变速器总成的拆卸 …… 11
2. 变速器的安装 …… 17
(五) 技术要点 …… 17
二、工作页 …… 18
三、复习思考题 …… 18
实训三 离合器及操纵机构的拆装与检修 …… 19
一、实训指导 …… 19
(一) 实训目标 …… 19
(二) 安全要求及注意事项 …… 19
(三) 设备/工具/耗材要求 …… 19
(四) 实训操作指导 …… 19
1. 离合器的拆卸与安装 …… 19
2. 离合器踏板位置的检测与调整 …… 23

3. 离合器常见故障的诊断与排除 …… 23
（五）技术要点 …… 24
二、工作页 …… 24
三、复习思考题 …… 25

实训四　二轴变速器及操纵机构的拆装与检修 …… 26

一、实训指导 …… 26
（一）实训目标 …… 26
（二）安全要求及注意事项 …… 26
（三）设备/工具/耗材要求 …… 26
（四）实训操作指导 …… 26
1. 变速器的分解 …… 26
2. 变速器零件的检验 …… 36
3. 变速器的安装 …… 38
4. 变速器常见故障的诊断与排除 …… 53
（五）技术要点 …… 53
二、工作页 …… 54
三、复习思考题 …… 55

实训五　万向传动装置的拆装与检修 …… 56

一、实训指导 …… 56
（一）实训目标 …… 56
（二）安全要求及注意事项 …… 56
（三）设备/工具/耗材要求 …… 56
（四）实训操作指导 …… 57
1. 万向传动装置的拆卸 …… 57
2. 万向传动装置的检查 …… 61
3. 万向传动装置的安装 …… 62
4. 万向传动装置常见故障的诊断与排除 …… 67
（五）技术要点 …… 67
二、工作页 …… 68
三、复习思考题 …… 68

实训六　驱动桥的拆装与检修 …… 69

一、实训指导 …… 69
（一）实训目标 …… 69
（二）安全要求及注意事项 …… 69
（三）设备/工具/耗材要求 …… 69
（四）实训操作指导 …… 70
1. 驱动桥的拆卸 …… 70
2. 主减速器、差速器的分解 …… 72

3. 主减速器、差速器零件的检修……73
4. 主减速器、差速器的组装……75
5. 驱动桥的安装……78
6. 驱动桥常见故障的诊断与排除……81
（五）技术要点……81
二、工作页……81
三、复习思考题……82

实训七　车轮定位的检查与调整……83

一、实训指导……83
（一）实训目标……83
（二）安全要求及注意事项……83
（三）设备/工具/耗材要求……83
（四）实训操作指导……84
1. 用卷尺检测前轮前束……84
2. 用四轮定位仪检测车轮定位……84
（五）技术要点……91
二、工作页……91
三、复习思考题……92

实训八　车轮与轮胎的拆装与检测……94

一、实训指导……94
（一）实训目标……94
（二）安全要求及注意事项……94
（三）设备/工具/耗材要求……94
（四）实训操作指导……95
1. 拆卸、安装车轮……95
2. 轮胎的检查……102
3. 分解、装配轮胎……102
4. 车轮动平衡检测与校正……110
（五）技术要点……115
二、工作页……115
三、复习思考题……116

实训九　悬架的拆装与检修……118

一、实训指导……118
（一）实训目标……118
（二）安全要求及注意事项……118
（三）设备/工具/耗材要求……118
（四）实训操作指导……118
1. 悬架的拆卸……118

2. 减振器与螺旋弹簧的检测 …… 130
3. 悬架的安装 …… 130
（五）技术要点 …… 141
二、工作页 …… 141
三、复习思考题 …… 142

实训十　转向系统的拆装与检修 …… 143

一、实训指导 …… 143
（一）实训目标 …… 143
（二）安全要求及注意事项 …… 143
（三）设备/工具/耗材要求 …… 143
（四）实训操作指导 …… 144
1. 转向器总成的拆卸 …… 144
2. 转向器的检修 …… 145
3. 转向器传动机构的检修 …… 146
4. 转向器总成的安装 …… 147
（五）技术要点 …… 150
二、工作页 …… 151
三、复习思考题 …… 151

实训十一　液压动力转向系统的组成认识与检测 …… 153

一、实训指导 …… 153
（一）实训目标 …… 153
（二）安全要求及注意事项 …… 153
（三）设备/工具/耗材要求 …… 153
（四）实训操作指导 …… 153
1. 认识液压动力转向系统的组成 …… 153
2. 了解液压动力转向系统的工作原理 …… 155
3. 实训台操作步骤 …… 155
（五）技术要点 …… 155
二、工作页 …… 155
三、复习思考题 …… 156

实训十二　制动系统拆装与调整 …… 158

一、实训指导 …… 158
（一）实训目标 …… 158
（二）安全要求及注意事项 …… 158
（三）设备/工具/耗材要求 …… 158
（四）实训操作指导 …… 158
1. 制动器的拆装、检测 …… 158
2. 制动传动装置的检修 …… 169

3. 制动系统的使用与维护…………………………………………………………………… 171
4. 制动系统常见故障的诊断与排除………………………………………………………… 176
(五) 技术要点………………………………………………………………………………… 178
二、工作页 …………………………………………………………………………………… 178
三、复习思考题 ……………………………………………………………………………… 179

实训十三　防抱死制动系统(ABS)的检修 ………………………………………………… 181

一、实训指导 ………………………………………………………………………………… 181
(一) 实训目标………………………………………………………………………………… 181
(二) 安全要求及注意事项…………………………………………………………………… 181
(三) 设备/工具/耗材要求…………………………………………………………………… 181
(四) 实训操作指导…………………………………………………………………………… 182
1. 认知防抱死制动系统的基本组成及安装位置………………………………………… 182
2. 使用解码器检测 ABS 制动控制系统 ………………………………………………… 183
(五) 技术要点………………………………………………………………………………… 186
二、工作页 …………………………………………………………………………………… 186
三、复习思考题 ……………………………………………………………………………… 188

实训十四　牵引力和稳定性控制系统认识 ………………………………………………… 192

一、实训指导 ………………………………………………………………………………… 192
(一) 实训目标………………………………………………………………………………… 192
(二) 安全要求及注意事项…………………………………………………………………… 192
(三) 设备/工具/耗材要求…………………………………………………………………… 192
(四) 实训操作指导…………………………………………………………………………… 192
1. 认识牵引力控制系统的基本组成元件及安装位置…………………………………… 192
2. 认知电子稳定控制系统的基本组成元件及安装位置………………………………… 193
(五) 技术要点………………………………………………………………………………… 194
二、工作页 …………………………………………………………………………………… 194
三、复习思考题 ……………………………………………………………………………… 195

实训十五　汽车底盘竣工验收 ……………………………………………………………… 196

一、实训指导 ………………………………………………………………………………… 196
(一) 实训目标………………………………………………………………………………… 196
(二) 安全要求及注意事项…………………………………………………………………… 196
(三) 设备/工具/耗材要求…………………………………………………………………… 196
(四) 实训操作指导…………………………………………………………………………… 196
1. 进厂检验………………………………………………………………………………… 196
2. 大修竣工验收…………………………………………………………………………… 197
(五) 技术要点………………………………………………………………………………… 200
二、工作页 …………………………………………………………………………………… 201
三、复习思考题 ……………………………………………………………………………… 201

实训一　底盘总体结构认识

姓名：＿＿＿＿＿＿　　班级：＿＿＿＿＿＿　　日期：＿＿＿＿＿＿

一、实训指导

（一）实训目标

1. 熟悉乘用车底盘、车身整体结构的各大组成系统；
2. 熟悉客车（货车）底盘、车身整体结构的各大组成系统；
3. 掌握举升机及相关工具的使用方法。

（二）安全要求及注意事项

1. 遵守实训场地的安全制度；
2. 爱护实训场地的实训设备；
3. 保持实训场地清洁。

（三）设备/工具/耗材要求

设备：解剖客车（货车）整车一辆、乘用车一辆、举升机一台。

（四）实训操作指导

1. 认识乘用车底盘四大系统

汽车底盘由传动系统、行驶系统、转向系统和制动系统四部分组成。

(1) 传动系统

传动系统的作用是将发动机发出的动力传递给驱动车轮，具有减速、变速、倒车、中断动力和轴间差速等功能。

传动系统由离合器、变速器、万向传动装置、主减速器、差速器和半轴组成。

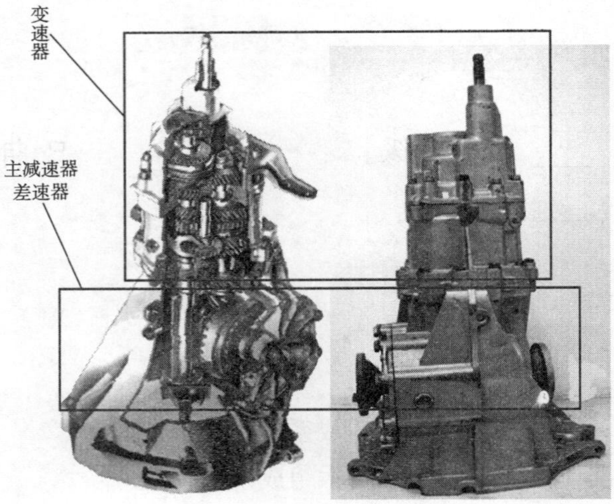

变速器总成

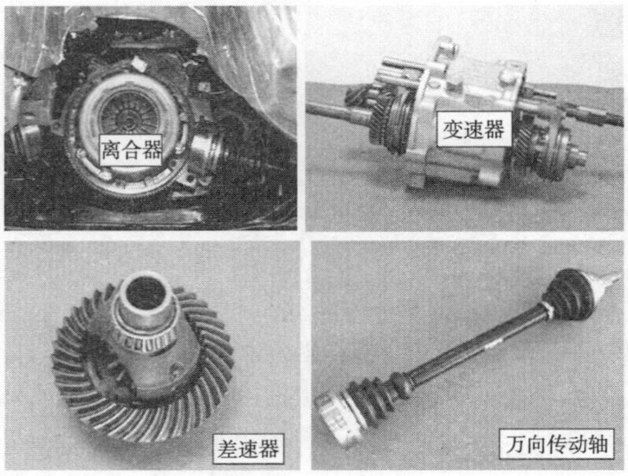

(2) 行驶系统

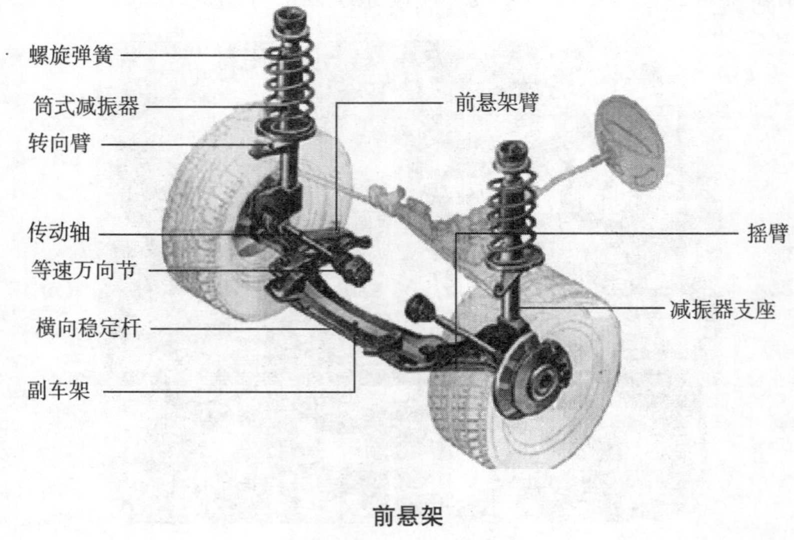

前悬架

行驶系统的作用是接受传动系统的动力，通过驱动轮与路面的作用产生牵引力，使汽车正常行驶；承受汽车的总重量和地面的反力；缓冲不平路面对车身造成的冲击；衰减汽车行驶中的振动，保持行驶的平顺性；与转向系统配合，保证汽车操纵稳定性。

行驶系统由车桥、车轮和悬架等组成。

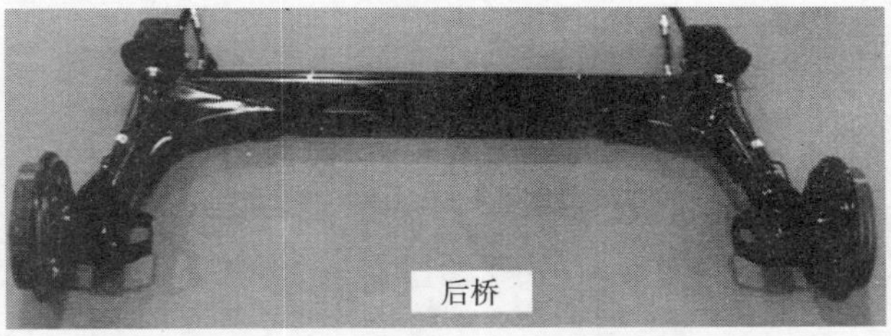

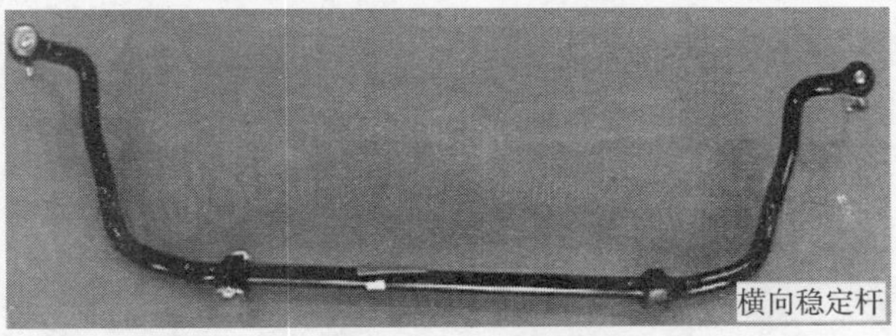

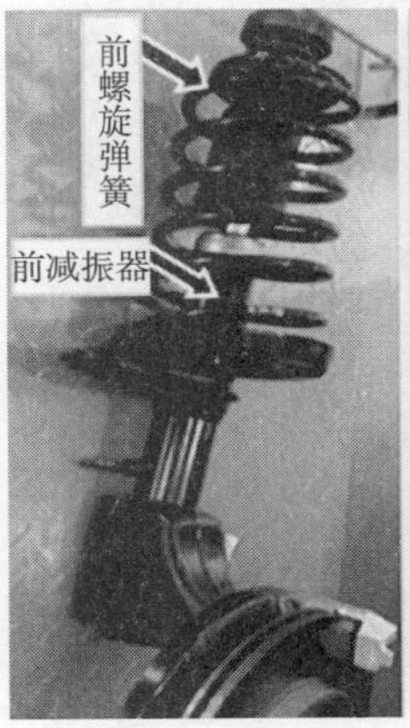

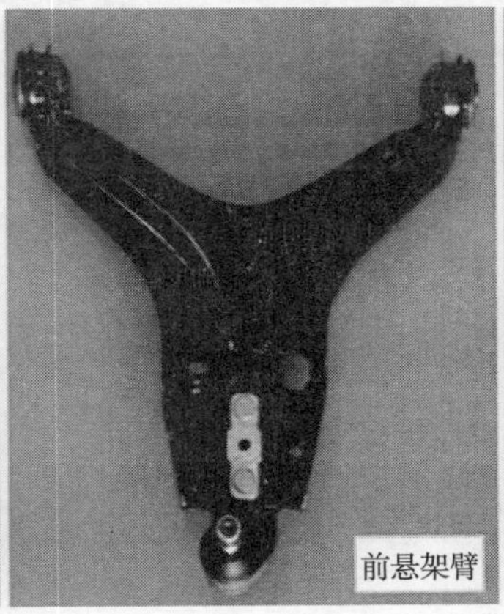

(3) 转向系统

转向系统的作用是改变或恢复汽车行驶方向。

转向系统由转向操纵机构、转向器和转向传动机构组成。

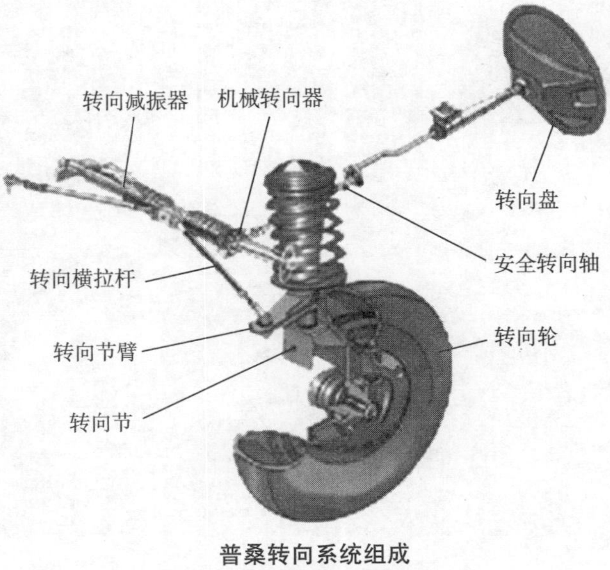

普桑转向系统组成

(4) 制动系统

制动系统的作用是对汽车的车轮施加一定力,使汽车减速或停车。

制动系统主要由制动操纵机构、制动力调节控制机构和制动器组成。

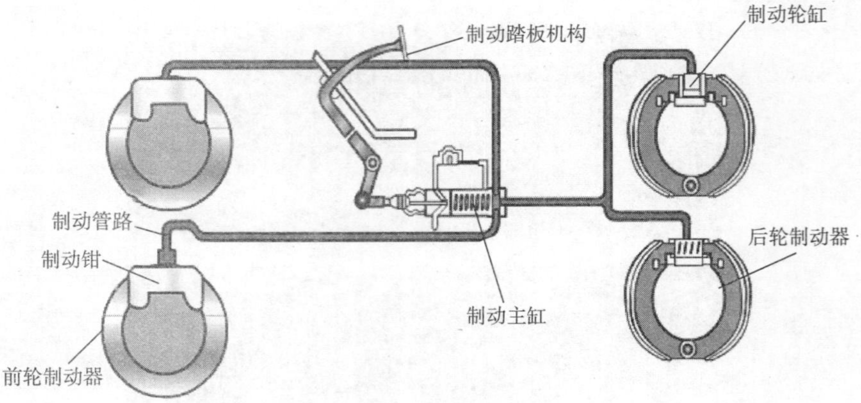

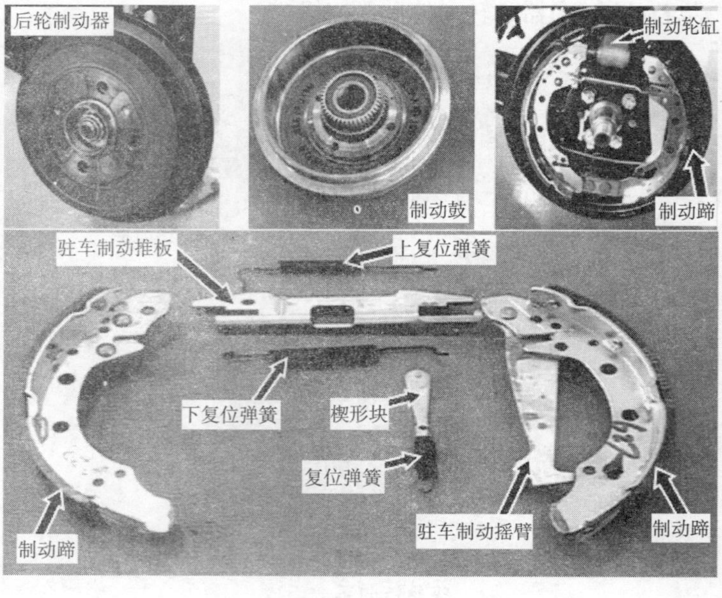

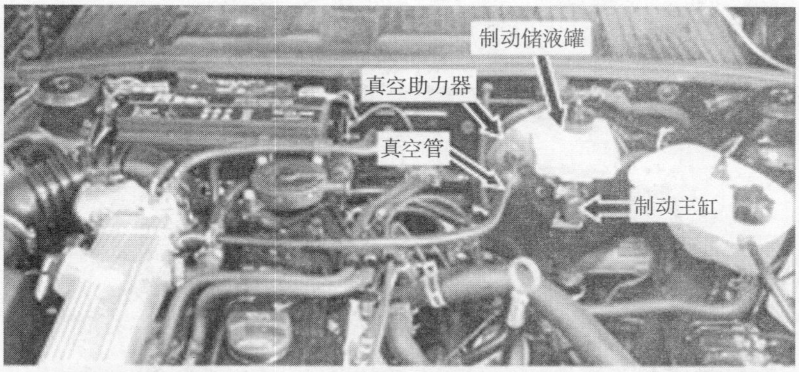

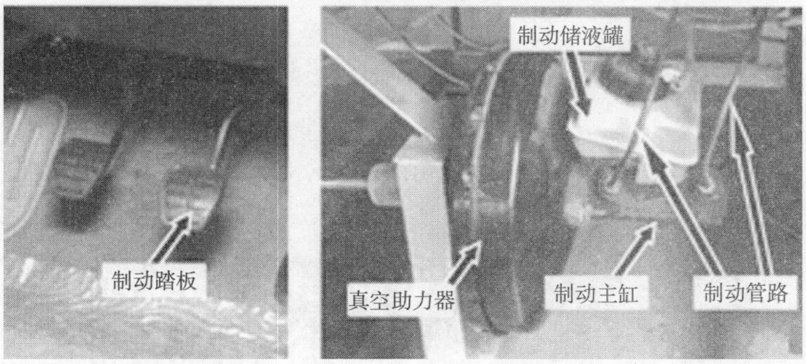

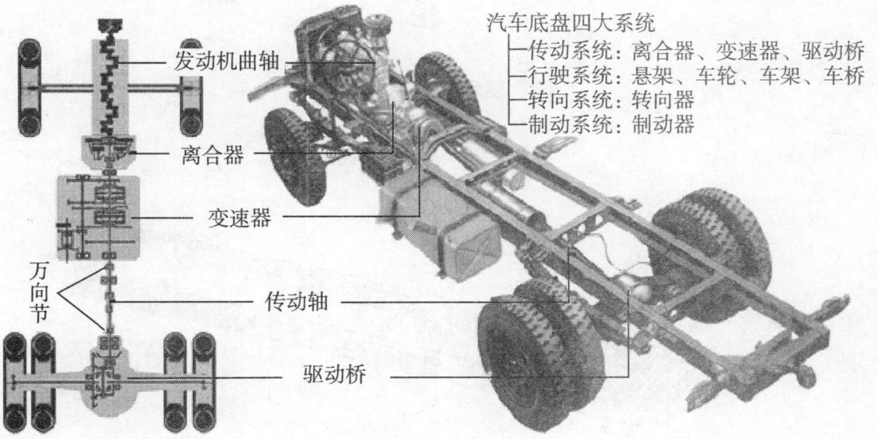

2. 认识客车(货车)底盘四大系统

(1) 传动系统

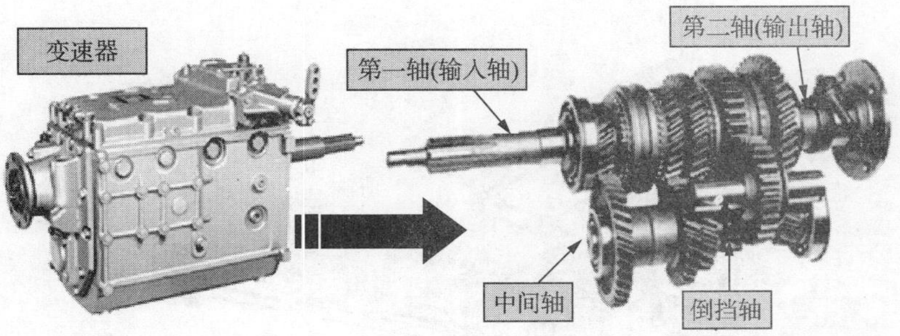

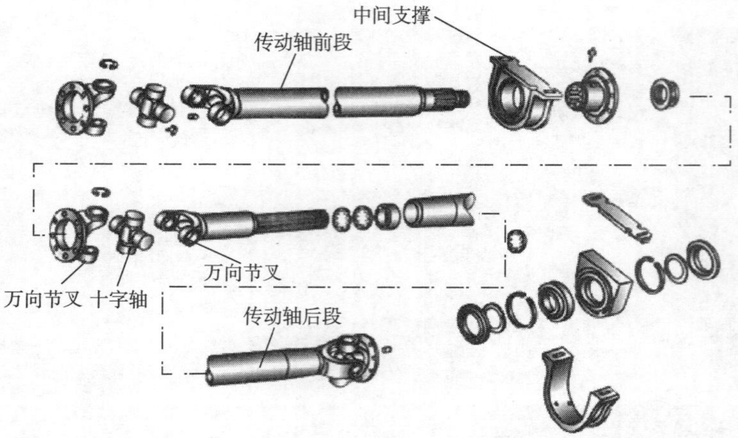

万向传动轴

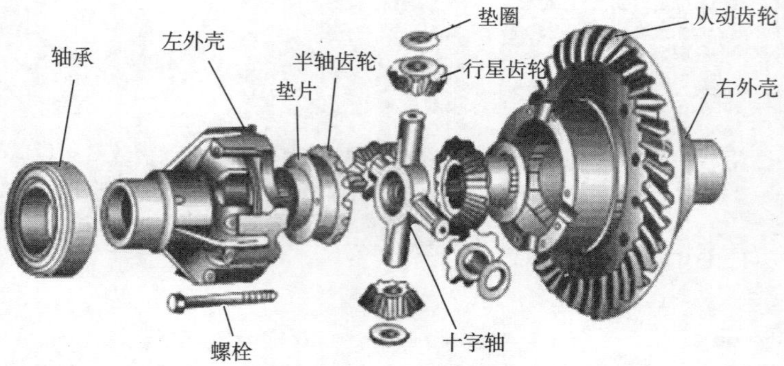

驱动桥—差速器

（2）行驶系统

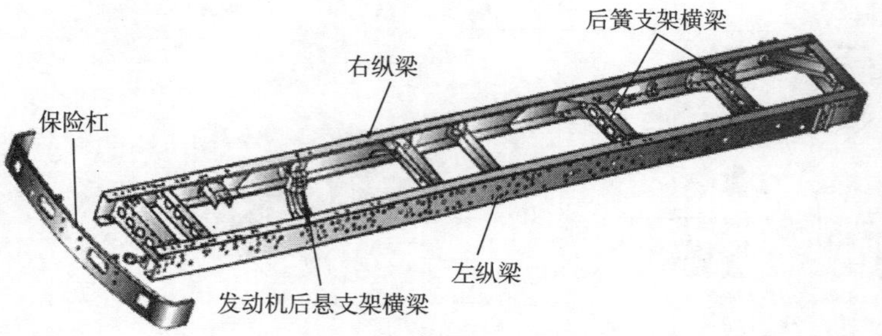

车架

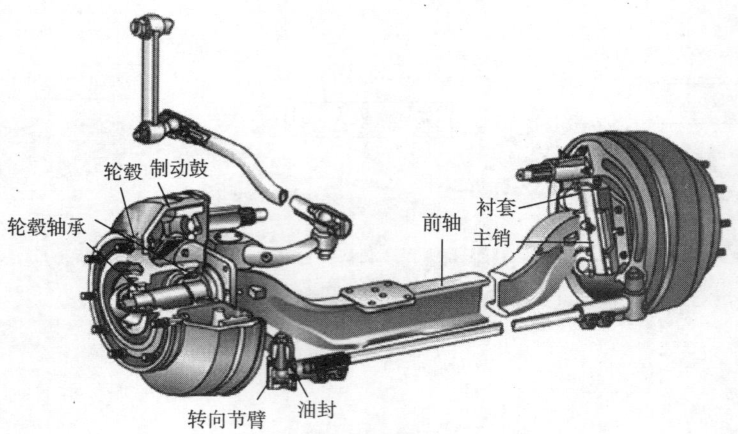

前桥—转向桥

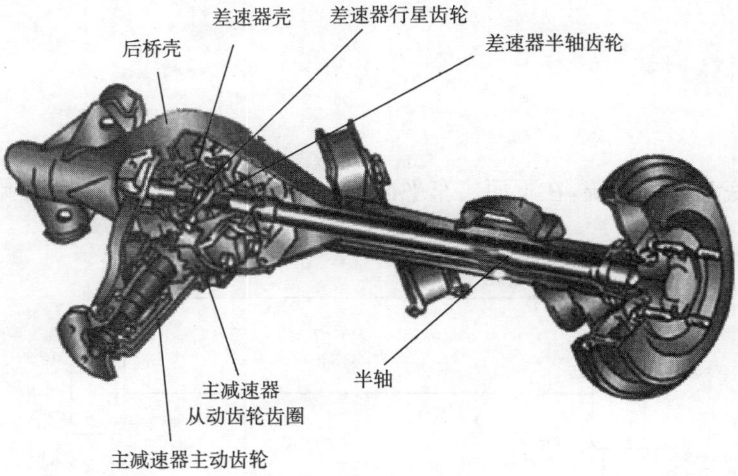

后桥—驱动桥

（3）转向系统

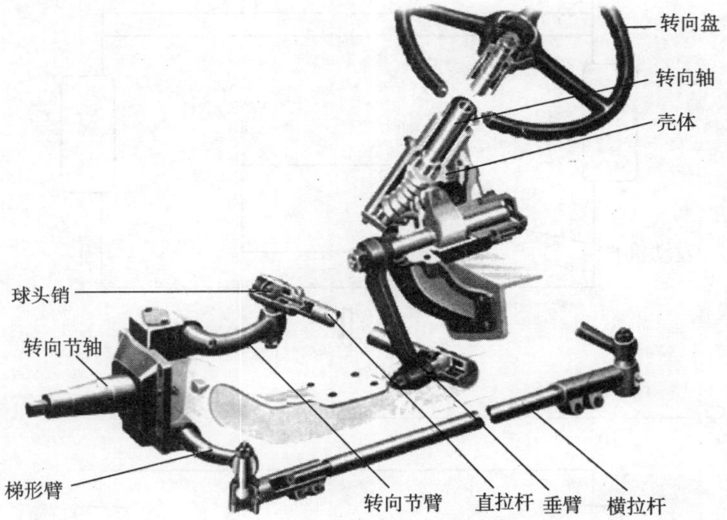

转向系统

（4）制动系统

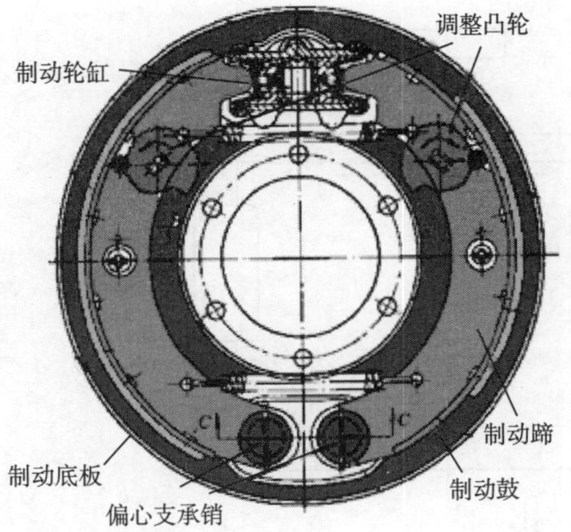

液压鼓式制动器

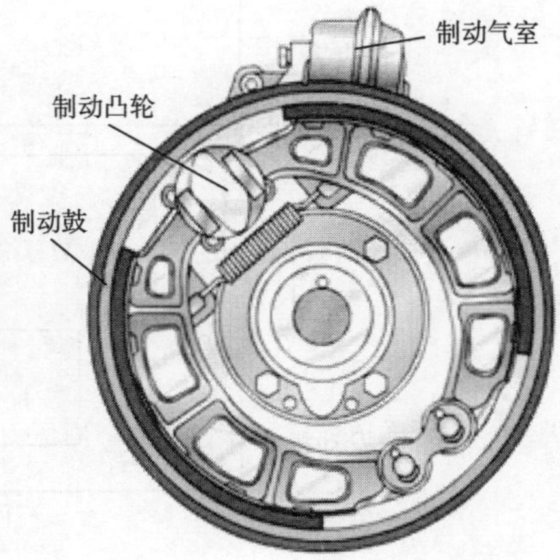

气压鼓式制动器

二、工作页

1. 观察乘用车底盘四大系统，在下面实车平面图中，标出底盘四大系统的主要零部件位置。

(1) 车型：______________________

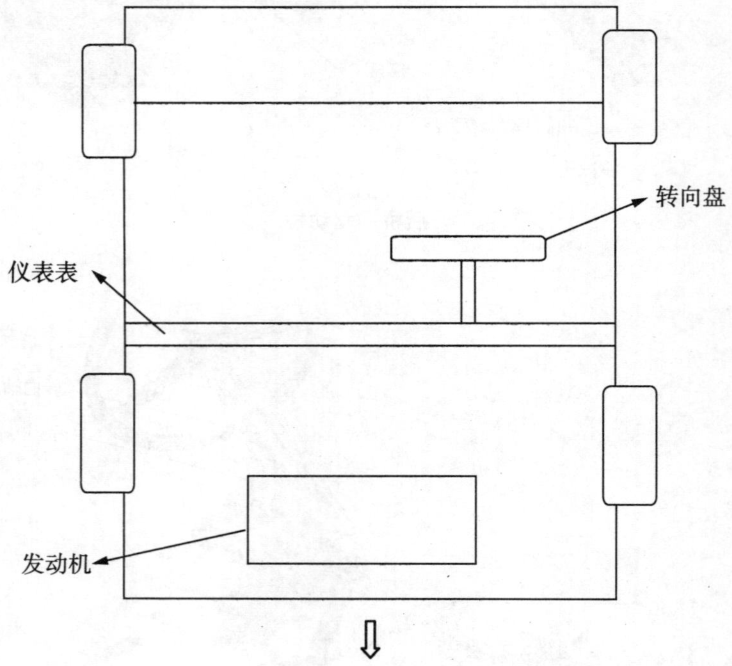

(2) 车型：______________________

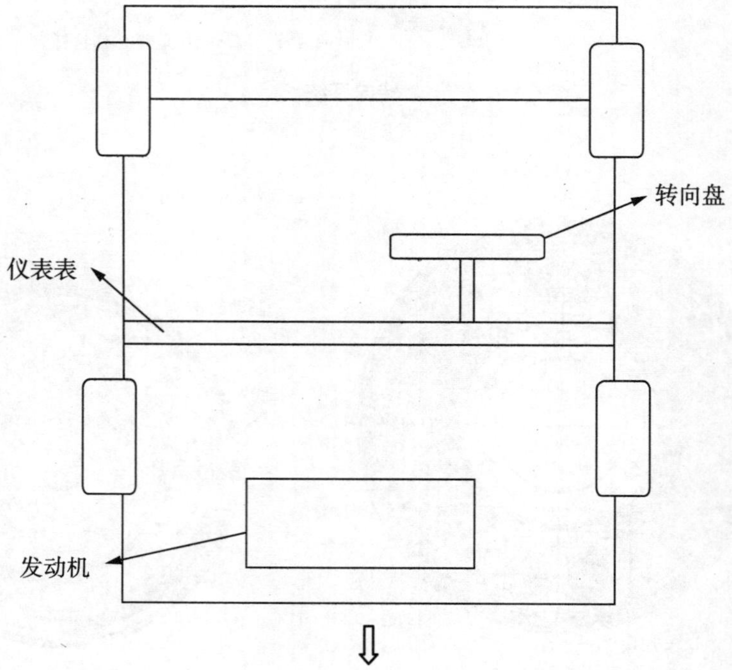

三、复习思考题

1. 汽车底盘由哪几个系统组成？各系统由哪几部分组成？

2. 简述乘用车和货车底盘的差异。

3. 发动机前置前驱动、后置后驱动和前置后驱动在结构上有何区别？

实训二　变速器总成的拆装(选做)

姓名：＿＿＿＿＿＿　　班级：＿＿＿＿＿＿　　日期：＿＿＿＿＿＿

一、实训指导

(一) 实训目标

1. 培养踏实肯干的工作态度，养成良好的工作习惯，树立常备不懈的安全意识；
2. 掌握在实车上拆装变速器的方法和步骤；
3. 熟悉变速器的操作机构。

(二) 安全要求及注意事项

1. 先拆下蓄电池的负极线，切断汽车电源；
2. 拆排气管时，应注意安全，防止高温烫伤人；
3. 拆卸离合器油管时，应防止液体落地；
4. 正确使用举升机及工具；
5. 拆卸变速器总成时，应注意变速器在托架上的放置位置，防止跌落。

(三) 设备/工具/耗材要求

设备：桑塔纳 GLi 乘用车一台、举升机一台、变速器托架一台。

工具：8 mm 内梅花扳手、10 mm 梅花扳手、13 mm 梅花扳手、17 mm 梅花扳手、19 mm 梅花扳手、10 mm套筒、13 mm 套筒、17 mm 套筒、18 mm 套筒、19 mm 套筒、13 mm 开口扳手、17 mm 开口扳手、万向接头、一字起子、尖嘴钳、接杆、棘轮扳手、指针扭力扳手、可调扭力扳手、撬杠。

耗材：抹布、密封堵头。

(四) 实训操作指导

1. 变速器总成的拆卸

(1) 将变速器置于空挡，打开发动机盖，用支撑杆撑住发动机盖，旋松蓄电池负极固定夹上的固定螺母，取下负极电线，并远离蓄电池负极接线柱。

工具：10 mm 梅花扳手

(2) 拔下前氧传感器线束接插件。

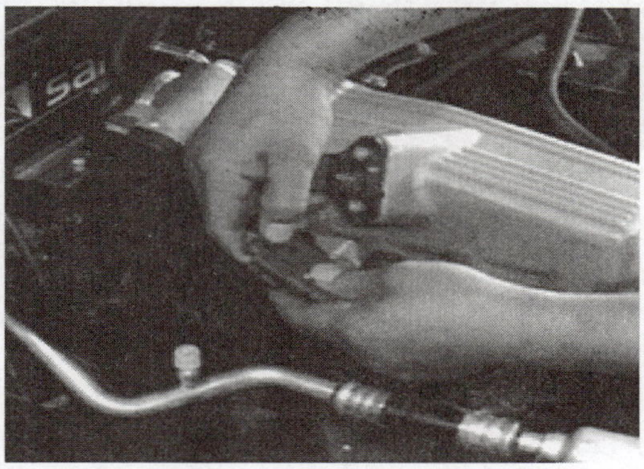

(3) 拆下排气歧管和前排气管的 2 个固定螺栓。

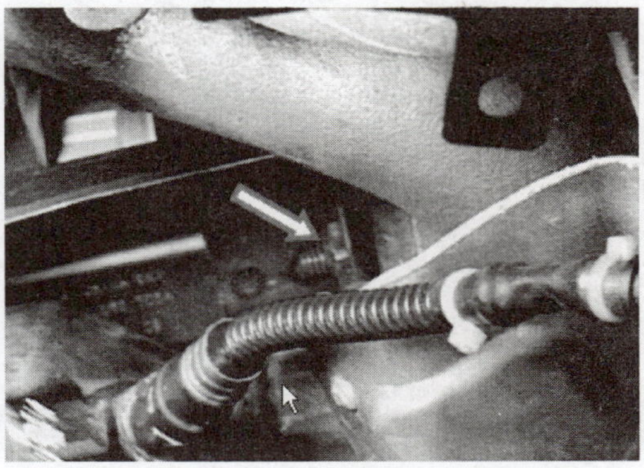

工具：17 mm 套筒扳手

(4) 拆下起动机的 1 个固定螺栓。

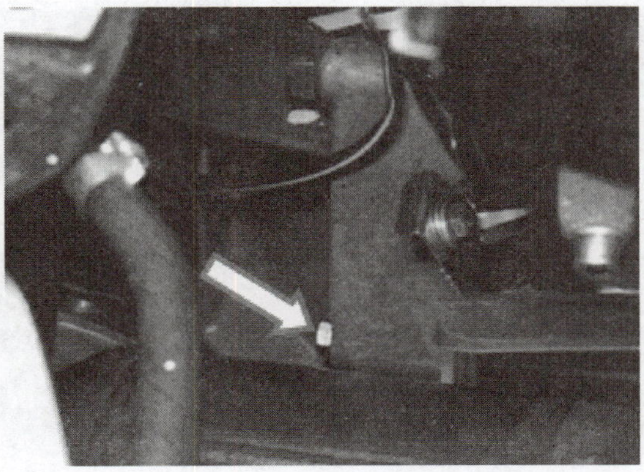

工具：13 mm 套筒扳手

（5）拆下变速器与发动机连接的固定螺栓。

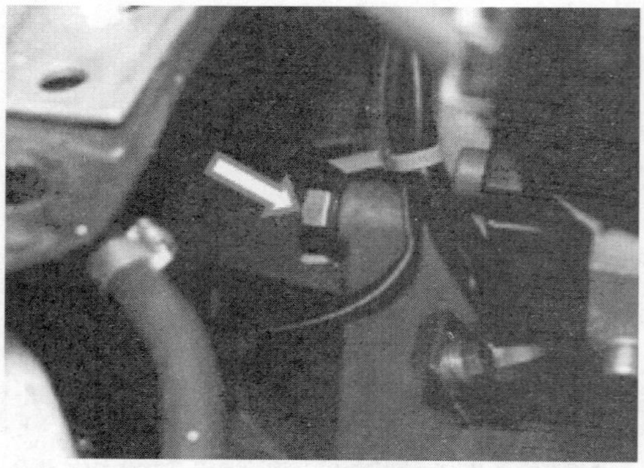

工具：19 mm 梅花扳手

（6）拔下离合器总泵上的油管接头卡子，拔下离合器油管。

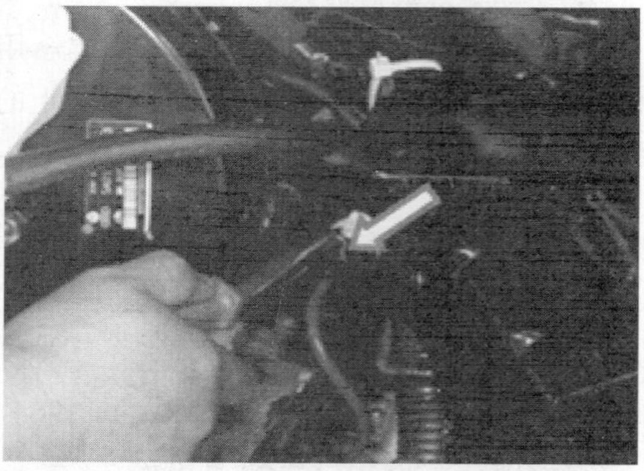

工具：尖嘴钳

（7）封闭离合器总泵上的接口和离合器油管。

注意： 制动液具有毒性和腐蚀性，会损坏油漆，所以在拆卸离合器油管前，应在离合器总泵接口下方铺好吸水性能好的抹布。

耗材：密封堵头、抹布

（8）举升车辆，升至方便于维修人员在车下操作为止。

注意： 车辆举升到位，锁止举升支臂。

（9）拔下倒车灯开关电接插件。

（10）拔下车速传感器电接插件。

(11) 拔下后氧传感器线束接头,拆下线束。

(12) 拧下起动机的 2 个固定螺栓。

工具:13 mm 套筒扳手

(13) 拧下排气管架与变速器支架的固定螺栓。

工具:13 mm 梅花扳手、13 mm 开口扳手

(14) 取下传动轴防热罩。

(15) 拧下排气歧管和前排气管的 1 个固定螺栓。

工具:17 mm 套筒扳手、万向接头

(16) 旋松排气管接头上的 2 个螺母,分开排气管。

工具:17 mm 套筒

(17) 取下排气管中段,放在橡胶垫上。

(18) 取下排气管上的隔热罩。

(19) 一人扶住右侧车轮,一人拧下右传动轴凸缘的 6 个固定螺栓。

工具:8 mm 内梅花扳手

(20) 一人扶住左侧车轮,一人拧下左传动轴凸缘的 6 个固定螺栓。

工具:8 mm 内梅花扳手

(21) 拧下左、右前轮下摇臂球头销与前减振器下支架的紧固螺母,取下螺栓。

工具:17 mm 开口扳手、17 mm 套筒

(22) 向下压左、右下摇臂,使左、右下摇臂球头和减振器下支架分离。

(23) 拔下离合器分泵上的油管接头卡子，拔下离合器油管。

工具：尖嘴钳

(24) 封闭离合器油管。

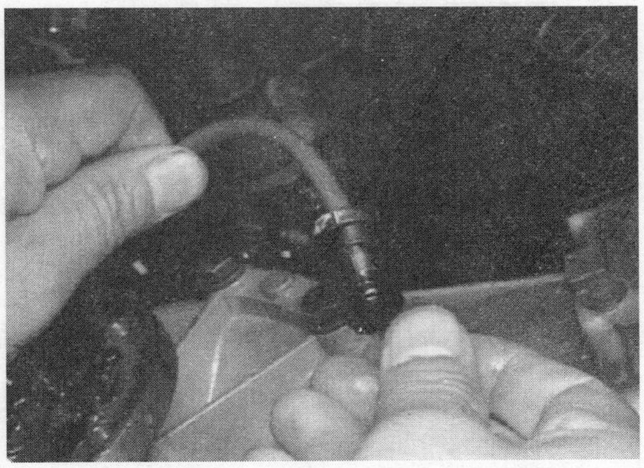

耗材：密封堵头

(25) 拧下下换挡杆支撑杆上的固定螺母，取下螺栓，将支撑杆与变速器壳体分离。

工具：13 mm 梅花扳手、13 mm 套筒

(26) 拧下离合块固定螺栓，取下离合块。

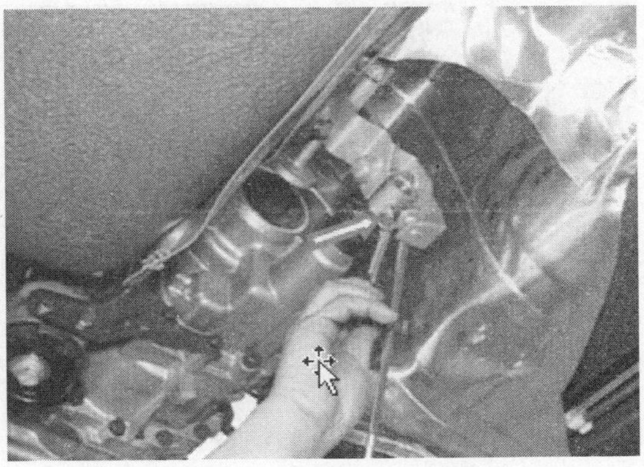

工具：10 mm 梅花扳手

(27) 拧松下换挡杆夹箍的固定螺母，取下连接下换挡和内换挡杆的换挡总成。

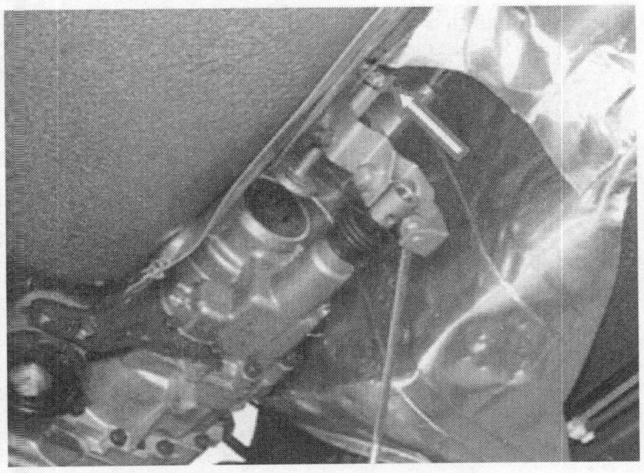

工具：10 mm 套筒

(28) 拧下离合器防护板上的 1 个固定螺栓和螺母。

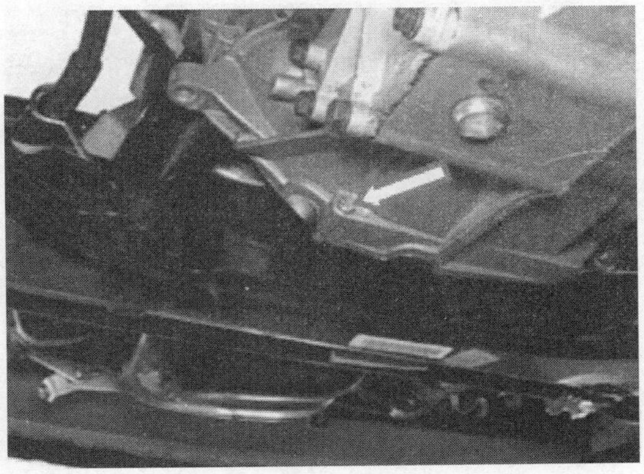

工具：10 mm 梅花扳手

（29）将变速器托架放在变速器正下方，支撑变速器。

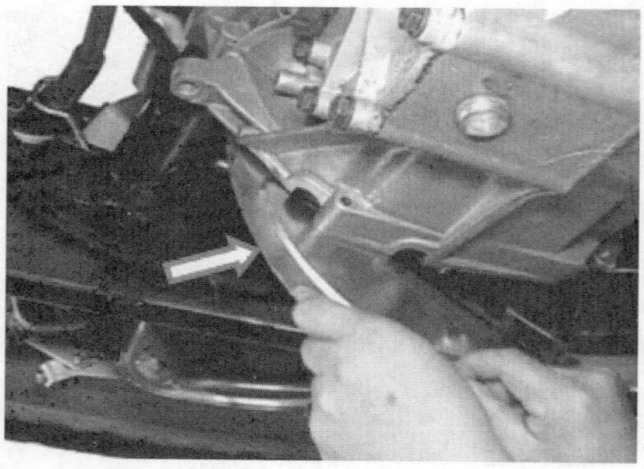

（30）将变速器托架放在变速器正下方，支撑变速器。

设备：变速器托架

（31）拧下发动机前支撑的 2 个固定螺栓。

工具：17 mm 梅花扳手

（32）拧松变速器与发动机连接的 2 个固定螺栓。

工具：19 mm 套筒

（33）拧松左后横梁和车身的固定螺栓。

工具：18 mm 套筒

（34）拧下变速器后支架和车身的固定螺栓。

工具：19 mm 套筒

(35) 转动支架使变速器有足够的空间拆下。

(36) 用一字起子插入变速器与发动机结合端面的缝隙中，撬动使变速器后移，脱出其定位销。

工具：一字起子

(37) 一边转动变速器一边往后拉，把变速器落在变速器托架上，将变速器托架降至最低位置，移出变逗器托架。

2. 变速器的安装

变速器的装复方法与拆卸方法相反。

(五) 技术要点

螺栓/螺母	拧紧力矩/(N·m)
变速器支架和车身的固定螺栓	70
横梁和车身的固定螺栓	110
变速器与发动机的固定螺栓	55
发动机前支撑的 2 个固定螺栓	30
下换挡杆支撑杆上的固定螺母	25
摇臂球头销的固定螺母	60
传动轴凸缘的 6 个固定螺栓	45

（续表）

螺栓/螺母	拧紧力矩/(N·m)
排气歧管与前排气管的固定螺母	30
排气管接头上的固定螺母	35
起动机的固定螺栓	20

二、工作页

1. 写出从实车上拆卸变速器总成前，拆卸各附件的步骤。

2. 写出从实车上拆卸变速器总成的步骤。

三、复习思考题

1. 如何使变速器与发动机分离？

2. 为何要用密封堵头将离合器管道堵住？否则会有何损害？

3. 为何在拆卸变速器总成之前必须将蓄电池负极拆下？

4. 简述变速器总成拆卸过程中的注意事项。

实训三　离合器及操纵机构的拆装与检修

姓名：__________　　班级：__________　　日期：__________

一、实训指导

（一）实训目标

1. 掌握离合器的结构和工作原理；
2. 学会离合器的拆卸、安装及总成的分解、装配；
3. 学会调整离合器操纵机构和踏板行程；
4. 了解离合器主要零件失效可能产生的故障现象及排除方法；
5. 学会正确使用相关工具。

（二）安全要求及注意事项

1. 正确使用举升机和工具；
2. 在进行变速器总成的拆装时，应注意变速器在变速器托架上的位置是否合适；
3. 变速器前壳体端面比较锋利，应注意安全；
4. 取下离合器压盘及从动盘时应注意，防止其落地，造成零部件的损坏或人身伤害。

（三）设备/工具/耗材要求

设备：桑塔纳 GLi 乘用车一台、举升机一台、变速器托架一台。

工具：导向专用工具、6 mm 内六角扳手、厚薄规、直尺、10 mm 开口扳手、13 mm 开口扳手。

耗材：抹布、润滑脂。

（四）实训操作指导

1. 离合器的拆卸与安装

1）拆卸分离轴承、从动盘和离合器压盘

（1）从车上拆下变速器总成(选做)。

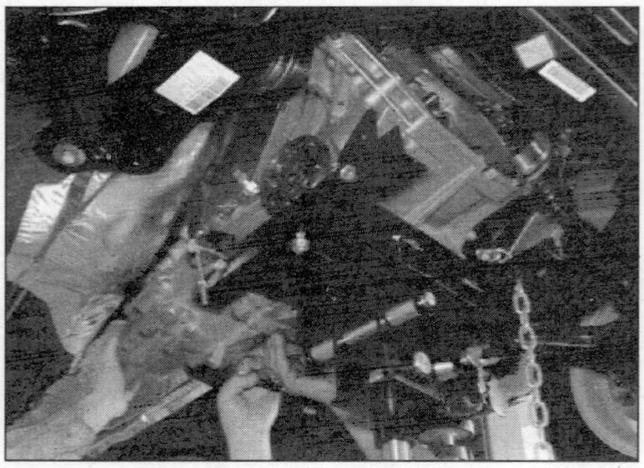

（2）在变速器壳体的分离叉上取下分离轴承。

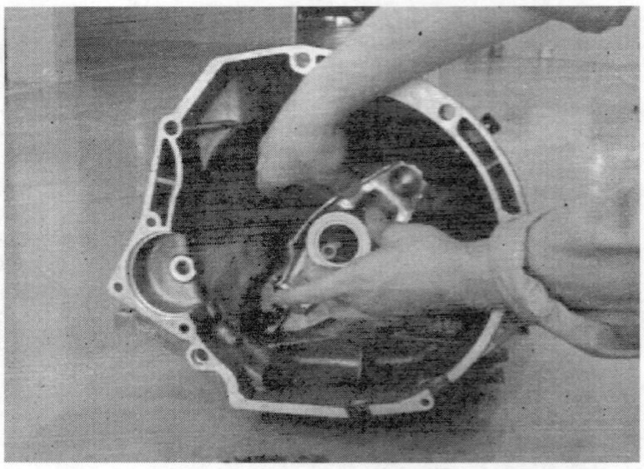

（3）将导向专用工具插入离合器从动盘毂花键孔和曲轴尾端孔中。

工具：导向专用工具

（4）拧下离合器盖上的 6 个压缩螺栓。

注意：拧松压缩螺栓时要按照“对角多遍”的要求进行。

工具：6 mm 内六角扳手

（5）取下离合器压盘、从动盘。

2）安装分离轴承

（1）用抹布清洁分离叉、变速器壳。

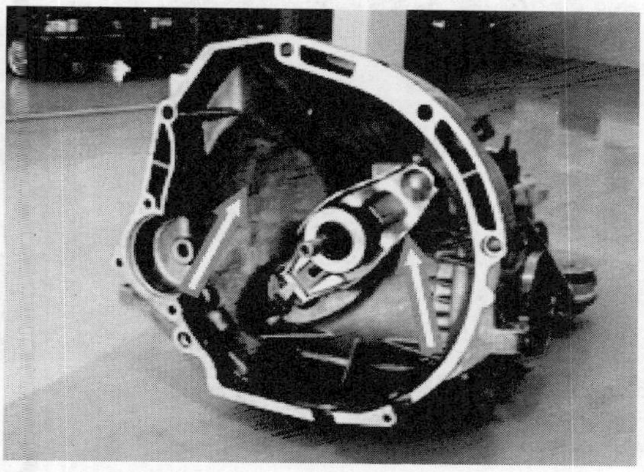

耗材：抹布

（2）在分离轴承座孔内均匀涂抹适量润滑脂，以加强分离轴承座孔与套筒间的润滑，减小滑动阻力。

耗材：润滑脂

（3）一手扶住分离叉，一手将轴承座推入分离叉安装孔内。分离轴承和轴承座安装好后，要反复推拉分离叉，使分离轴承及轴承座在套筒上滑动，确保轴承座安装到位，检查分离叉的复位情况。如果复位不良，应拆下分离叉，在其叉轴上涂抹适量润滑脂，视情况更换弹性复位钢片。

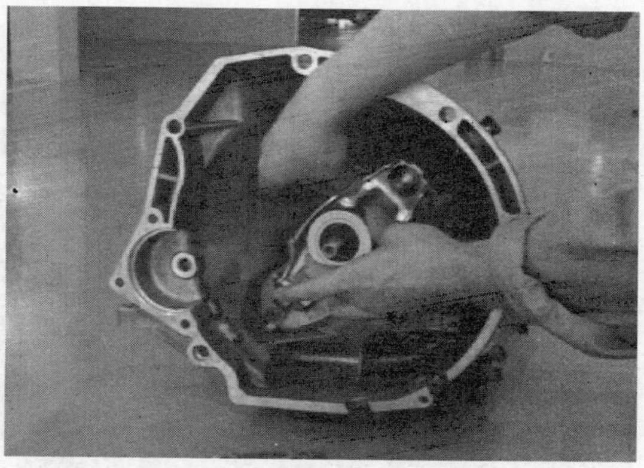

耗材：润滑脂

3）安装离合器压盘及从动盘

（1）用手指转动变速器输入轴导向轴承，检查轴承是否良好。

（2）在输入轴导向轴承内加入适量润滑脂。

注意：不能加入过多的润滑脂，过多的润滑脂会飞溅到离合器摩擦表面，造成离合器打滑。

耗材：润滑脂

(3) 将长毂一面贴合在离合器压盘工作表面上。

(4) 将导向专用工具穿过离合器从动盘毂花键孔,其前端轴插入曲轴尾端孔中。

工具:导向专用工具

(5) 将离合器压盘及从动盘一起安装到飞轮上。

(6) 将离合器盖上的定位孔与飞轮盘上的定位销对准。

(7) 对角逐步拧紧离合器盖上的 6 个压紧螺栓,拧紧力矩 25 N·m。

注意: 拧紧压缩螺栓时要按照“对角多遍”的要求进行。

工具:6 mm 内六角扳手

(8) 安装变速器总成。

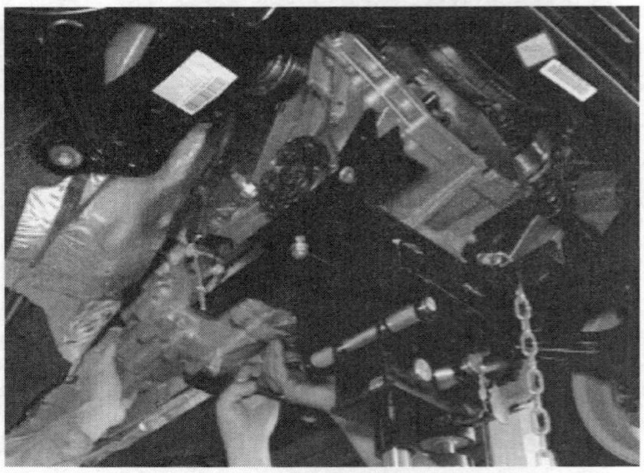

2. 离合器踏板位置的检测与调整

1）用直尺测量离合器踏板高度

（1）桑塔纳 GLi 乘用车离合器踏板高度为(150±5)mm。如果测量高度不在规定范围之内，应检查踏板助力弹簧的弹力是否正常，以及踏板是否出现变形等损坏，必要时应更换新件。

（2）如果离合器踏板高度不在规定范围之内，将会影响离合器的操纵性能和使用性能。

（3）测量时，将直尺垂直于地板面，观察踏板上平面在直尺上显示的数值，该数值即为踏板高度。

2）用直尺测量离合器踏板自由行程

（1）桑塔纳 GLi 乘用车离合器踏板自由行程为 15～25 mm。如果测量数值不在规定范围内，将会影响离合器正常工作性能。测量数值过大，离合器分离不彻底，变速器换挡困难；数值过小，离合器打滑，车速下降，加剧离合器相关部件的磨损。

（2）测量时，将直尺保持与地板垂直，踏板处于自然状态。确认此时踏板高度值后，用手稍用力下压踏板，当感觉阻力增大时，停止下压，观察踏板上平面在直尺上显示的数值，计算出两个数值的差值，即为离合器自由行程。

3）用直尺测量离合器踏板的总行程

（1）离合器总行程＝自由行程＋有效行程，如果自由行程适当，总行程变小，则有效行程就变小。那么与离合器分泵相连的推杆移动距离缩短，离合器压板后移量便减小，造成离合器分离不彻底，导致离合器换挡困难。

（2）桑塔纳 GLi 乘用车离合器踏板总行程为 131.8～139.1 mm。

（3）测量时，首先将直尺垂直于地板，然后确认离合器踏板自然状态下的高度值，接下来用力踩下离合器踏板至极限位置。观察此时直尺所显示的数值，两高度差就是离合器踏板的总行程。

（4）如果总行程小于规定值，应检查离合器总泵、分泵、推杆、分离叉等相关部件，是否出现卡滞、变形等现象。排除故障后，再次测量离合器踏板总行程，直到符合规定为止。

4）离合器踏板位置的调整

用 10 mm 开口扳手和 13 mm 开口扳手拧松离合器推杆锁紧螺母，然后用手转动推杆调整其长度，来改变离合器踏板的自由行程。注：在调整推杆长度时，要反复测量踏板的自由行程，直到符合规定要求为止。

离合器踏板自由行程调整完毕以后，要检查推杆与离合器总泵之间的间隙。将厚薄规的 0.05 规片插入推杆与离合器总泵活塞连接处，轻轻拉动规片，感觉稍微有阻力，为两者配合间隙正常。

3. 离合器常见故障的诊断与排除

故障现象	故障原因	排除方法
离合器打滑	1）踏板自由行程过小或没有 2）摩擦片磨损变薄、硬化、有油 3）压盘严重磨损 4）膜片弹簧弯曲变形 5）压盘与飞轮的固定螺栓松动	1）调整踏板自由行程 2）更换摩擦片 3）更换压盘 4）校正或更换膜片弹簧 5）紧定压盘与飞轮的固定螺栓

(续表)

故障现象	故障原因	排除方法
离合器分离不彻底	1) 踏板自由行程过大 2) 膜片弹簧指处不在同一平面上 3) 从动盘翘曲、铆钉松脱、新换的摩擦片过厚 4) 从动盘键槽与变速器输入轴键锈蚀,使从动盘移动困难	1) 调整踏板自由行程 2) 调整膜片弹簧 3) 更换摩擦片 4) 清洗除锈,涂油润滑
离合器异响	1) 分离轴承磨损或缺油 2) 轴承回位弹簧过软,脱落或折断 3) 从动盘花键与变速器输入轴配合松旷 4) 从动盘扭转减振弹簧折断 5) 踏板复位弹簧脱落、过软 6) 紧固件松动	1) 注油或更换轴承 2) 更换回位弹簧 3) 更换从动盘 4) 更换从动盘 5) 检修或更换踏板复位弹簧 6) 紧定松动的紧固件
离合器发抖	1) 从动盘翘曲 2) 摩擦片上有油或硬化,铆钉外露 3) 扭转减震弹簧失效 4) 膜片弹簧弯曲变形 5) 变速器与飞轮或离合器盖与飞轮的固定螺栓松动	1) 更换从动盘 2) 更换摩擦片 3) 更换从动盘 4) 校正膜片弹簧 5) 紧定松动的螺栓

注意: 离合器的分离轴承不可洗涤,只能擦净,当出现异响时应予以更换

(五) 技术要点

1. 安装时应注意从动盘的方向,有减振弹簧保持架的一面应朝向压盘;
2. 大修的离合器应与飞轮组一起进行动平衡试验;
3. 分离叉两端衬套必须同心;
4. 离合器的分离轴承不可洗涤,只能擦净,当出现异响时应予以更换;
5. 安装离合器总成时,需用导向定位器或变速器输入轴定位中心位置,使从动盘与压盘同心,便于安装输入轴。

二、工作页

1. 写出离合器的拆装步骤。

2. 测量离合器踏板位置，将测量结果填入表内。

	离合器踏板高度	离合器踏板自由行程	离合器踏板总行程
测量值/mm			
是否符合技术要求			

三、复习思考题

1. 离合器的调整项目有哪些？

2. 如何测量离合器踏板高度？

3. 如何调整离合器踏板自由行程？

4. 简述离合器拆装过程中的注意事项。

实训四　二轴变速器及操纵机构的拆装与检修

姓名：__________　班级：__________　日期：__________

一、实训指导

(一) 实训目标

1. 学会分解、装配变速器；
2. 了解变速器的结构特点、动力传递路线和装配关系；
3. 了解变速器主要传动零部件的检修方法；
4. 了解变速器主要零件失效可能产生的故障现象及排除方法；
5. 学会正确使用相关工具。

(二) 安全要求及注意事项

1. 正确使用压床、举升机及工具；
2. 齿轮边缘比较锋利，应防止划伤；
3. 使用压床压出输入、输出轴时，应用手托住输入、输出轴，防止零件落地；
4. 分解、安装同步器时，防止止动弹簧飞出。

(三) 设备/工具/耗材要求

设备：桑塔纳 GLi 乘用车一台、桑塔纳五挡手动变速器一台、压床一台。

工量具：32 mm 套筒、13 mm 套筒、6 mm 内六角扳手、8 mm 内梅花扳手、22 梅花扳手、可调扭力扳手、棘轮扳手、卡簧钳、一字起子、橡胶锤、铜棒、锤子、管子钳、厚薄规、錾子、自制套筒、机油壶、手摇杆。

耗材：机油、钢丝刷。

(四) 实训操作指导

1. 变速器的分解

1) 拆卸输出轴、输入轴

（1）拧松变速器前壳体和后壳体的 11 个连接螺栓，取下连接螺栓。

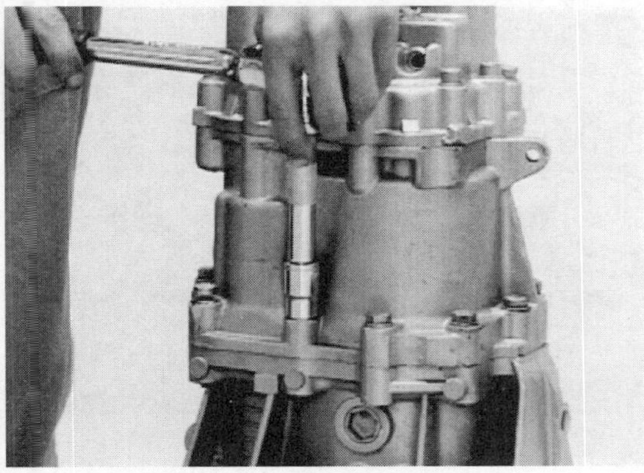

工具：13 mm 套筒、棘轮扳手

（2）对称敲击后壳体有加强筋的两个敲击口，将变速器后壳体敲出。

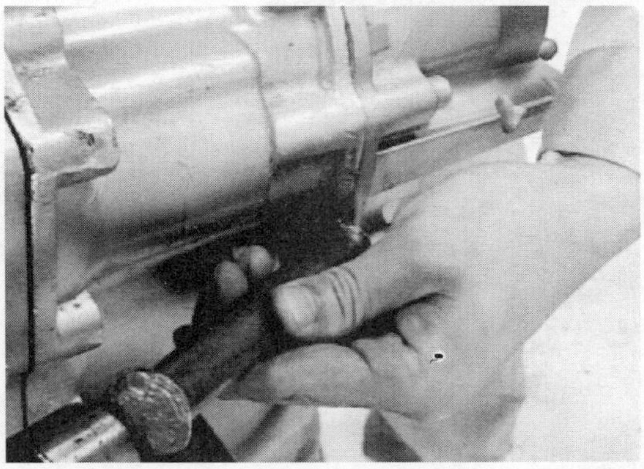

工具：铜棒、锤子

（3）取下变速器后壳体。

（4）拧松变速器后端盖的 10 个固定螺栓，取下固定螺栓。

工具：6 mm 内六棘轮扳手

（5）均匀敲击后端盖有加强筋的两个敲击口。

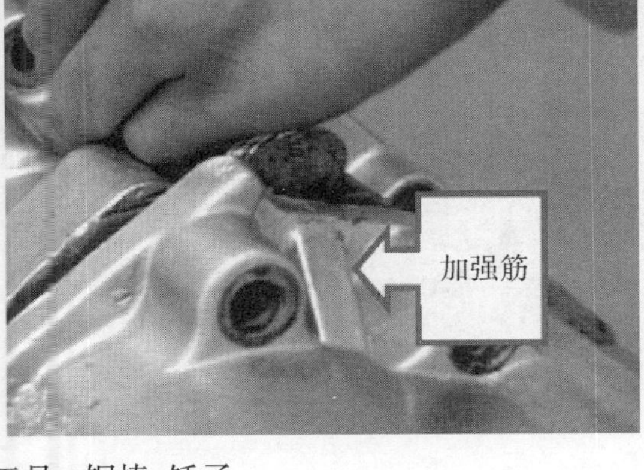

工具：铜棒、锤子

（6）将变速器后端盖敲出，取下变速器后端盖。

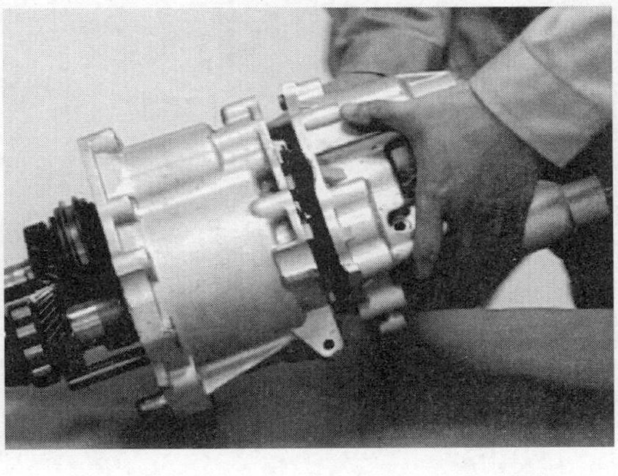

(7) 敲出一、二挡拖钩定位销。

工具：锤子、錾子

(8) 将拖钩逆时针旋转，以便拆卸内换挡杆。

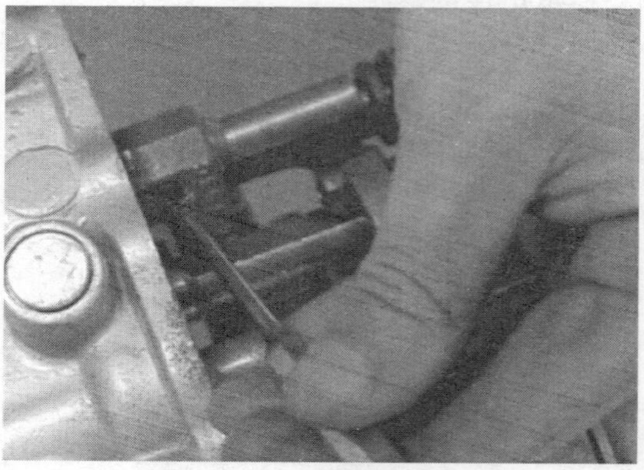

(9) 将内换挡杆逆时针旋转，脱离拨叉轴的凹槽，拔出内换挡杆。

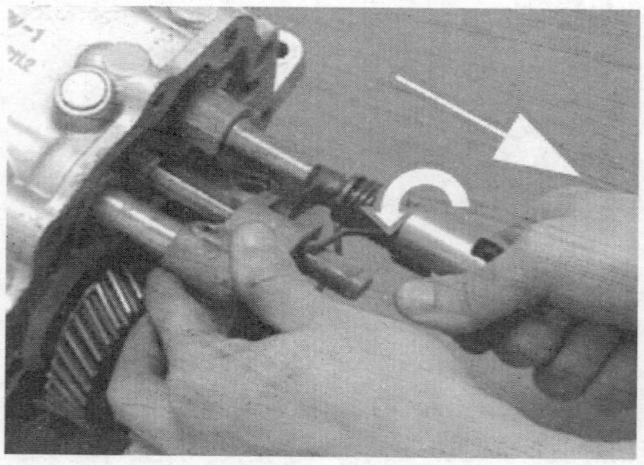

(10) 取下一、二挡拖钩。

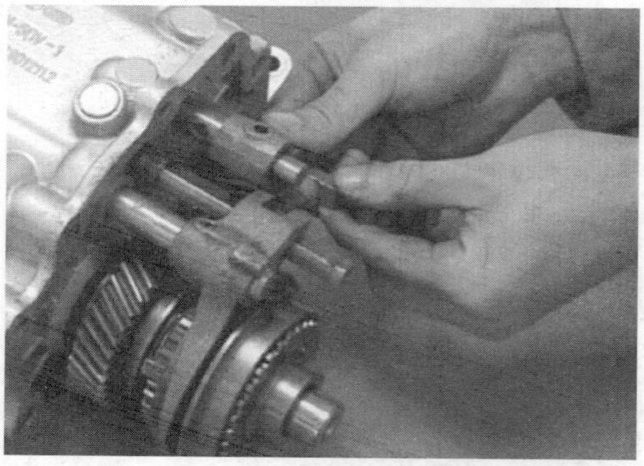

(11) 敲出三、四挡拨叉定位销。

工具：锤子、錾子

(12) 敲击三、四挡拨叉轴，克服自锁。

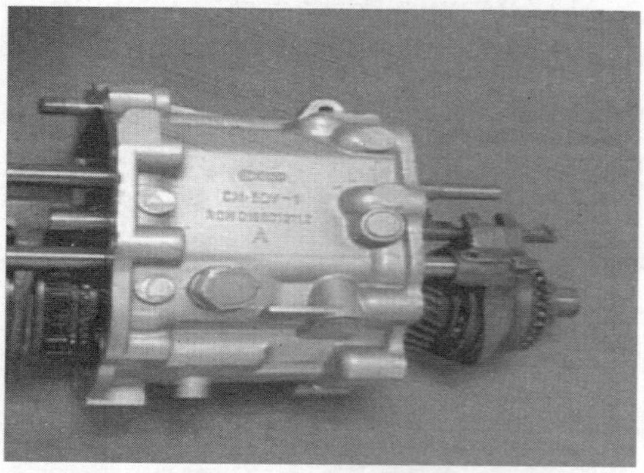

工具：铜棒、锤子

(13) 克服自锁后将三、四挡拨叉轴拔出。

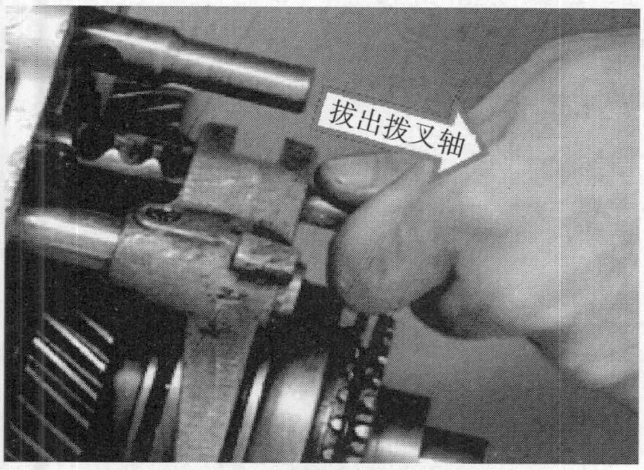

(14) 取下互锁销。

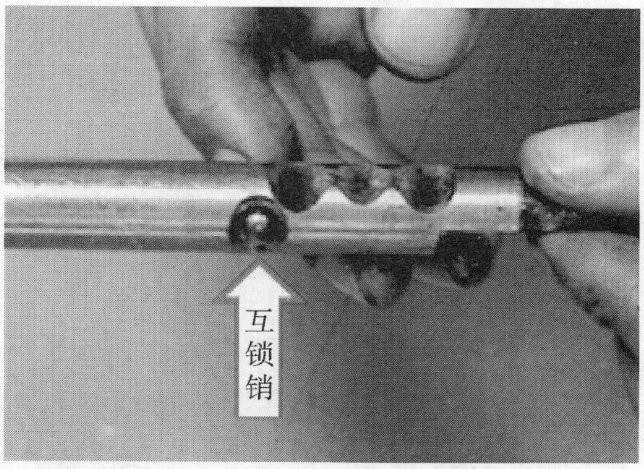

(15) 取下输入轴五挡齿轮管套、五挡同步环。

(16) 敲出五挡拨叉定位销。

工具：錾子、锤子

(17) 用橡胶锤敲击五挡拨叉。

工具：橡胶锤

(18) 取下同步器组合和五挡拨叉。

(19) 取下五挡两个滚针轴承。

(20) 分解五挡同步器花键毂和接合齿套。

注意： 分解时两手护住同步器，防止滑块和止动弹簧弹出，取出 3 个滑块，取下 2 个止动弹簧。

五挡同步器分解图：

(21) 将变速器挂入一挡，使输出轴和输入轴有传动连接。

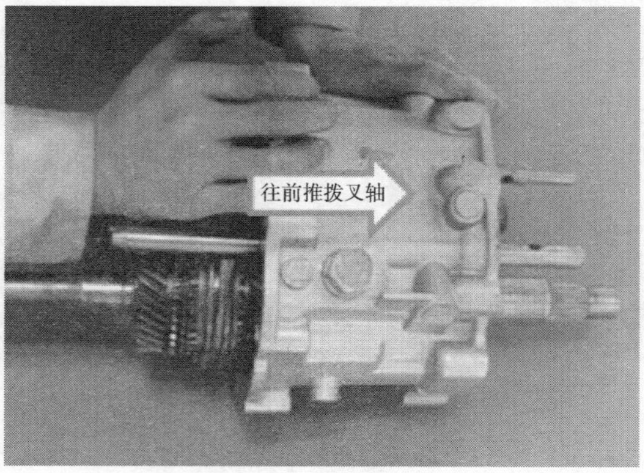

(22) 一人用管子钳锁住输入轴,一人用扭力扳手和 32 mm 套筒拧松输出轴锁紧螺母,旋下输出轴锁紧螺母。

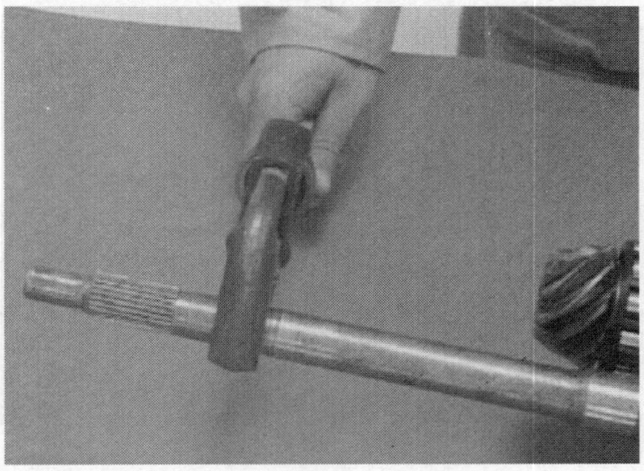

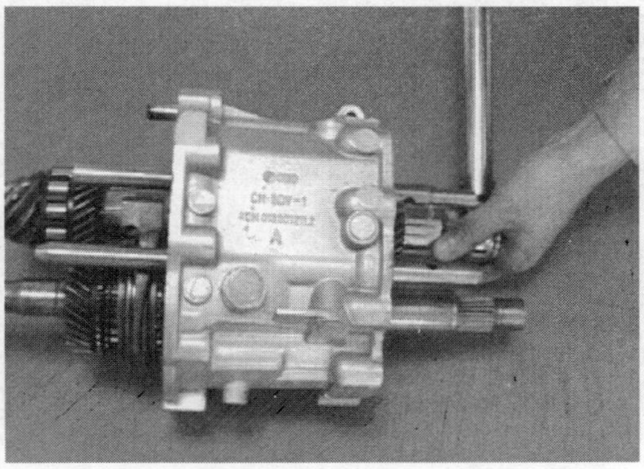

工具：管子钳、扭力扳手、32 mm 套筒

(23) 用拉马将输出轴五挡齿轮拉出输出轴。

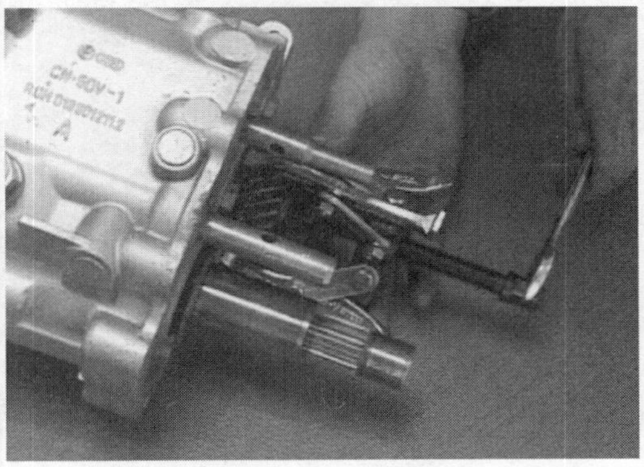

工具：拉马

(24) 将变速器壳体放在压床工作台上,用压床轻压输出轴,使输出轴轴承和轴承座有一定的间隙,输出轴可以晃动,这样便于输入轴的拆卸。

设备：压床

(25) 旋开压床回油螺栓,使压床活塞收缩、调整变速器位置,用手扶住输入轴,用压床压出输入轴,取下五挡齿轮轴承套和固定垫圈。

设备：压床

(26) 拧松倒挡锁螺栓,旋下倒挡锁螺栓。

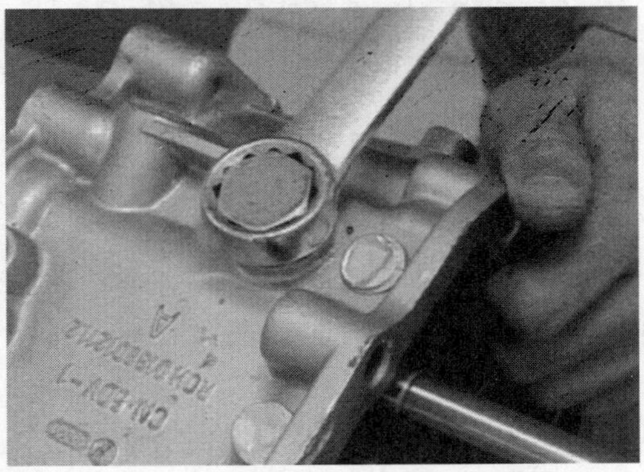

工具：22 mm 梅花扳手

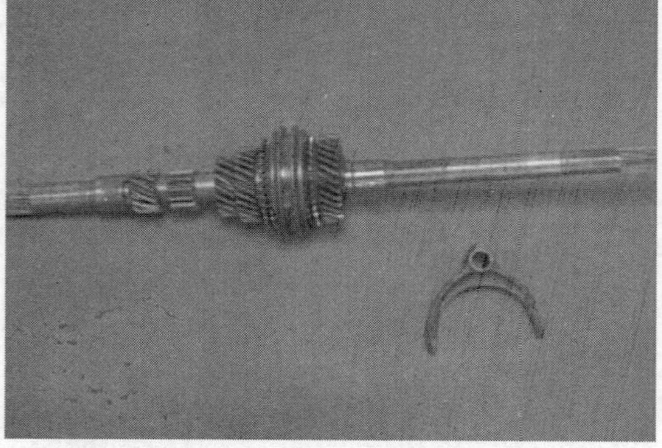

（27）拧松倒挡拨叉支撑螺栓，旋下倒挡拨叉支撑螺栓。

（28）取出倒挡拨叉。

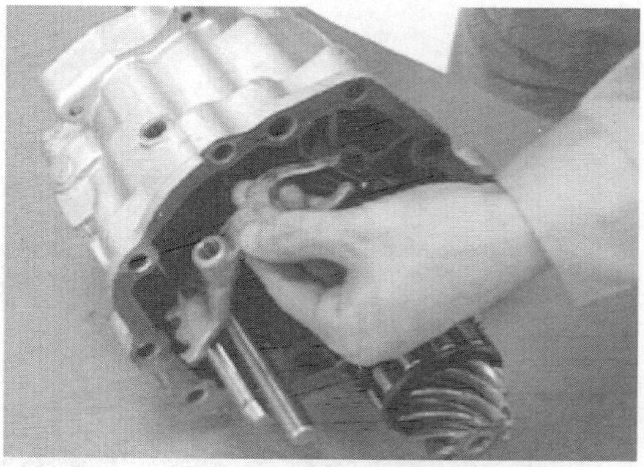

工具：内梅花扳手

（29）轻轻敲出倒挡轴和倒挡齿轮。

（30）将五挡、倒挡拨叉轴从变速器壳体中拔出。

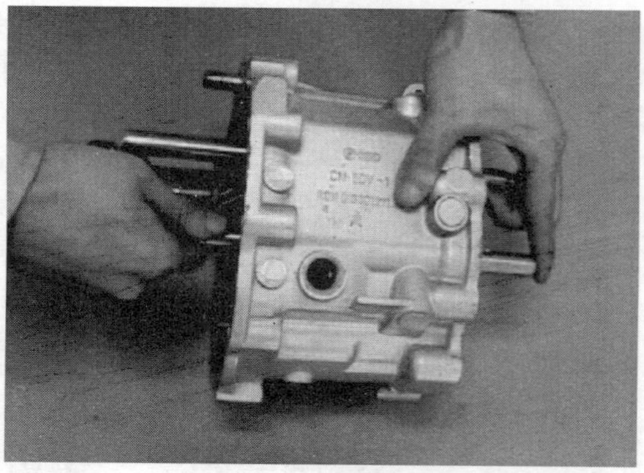

工具：锤子、錾子

(31) 将变速器壳体放在压床工作台上，用手扶住输出轴，以防输出轴掉落，用压床压出输出轴和一、二挡拨叉轴。

工具：压床

(32) 输入轴拆卸完毕。

2) 分解输入轴

(1) 拆下四挡齿轮卡簧。

工具：卡簧钳

(2) 取下四挡齿轮。

(3) 取下四挡齿轮滚针轴承。

(4) 取下四挡同步环。

（5）取出输入轴三、四挡同步器花键毂的定位卡簧。

工具：卡簧钳

（6）用压床垫块支撑输入轴三挡齿轮，压出三、四挡同步器、三挡齿轮和三挡同步环。

设备：压床

（7）取出三挡齿轮滚针轴承。

（8）分解三、四挡同步器花键毂和接合齿套。

注意：分解时两手护住同步器，防止滑块和止动弹簧弹出，取出 3 个滑块，取下 2 个止动弹簧。

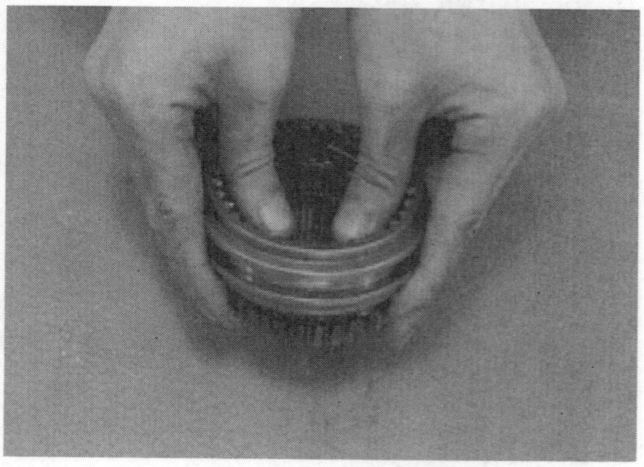

（9）分解后的输入轴。

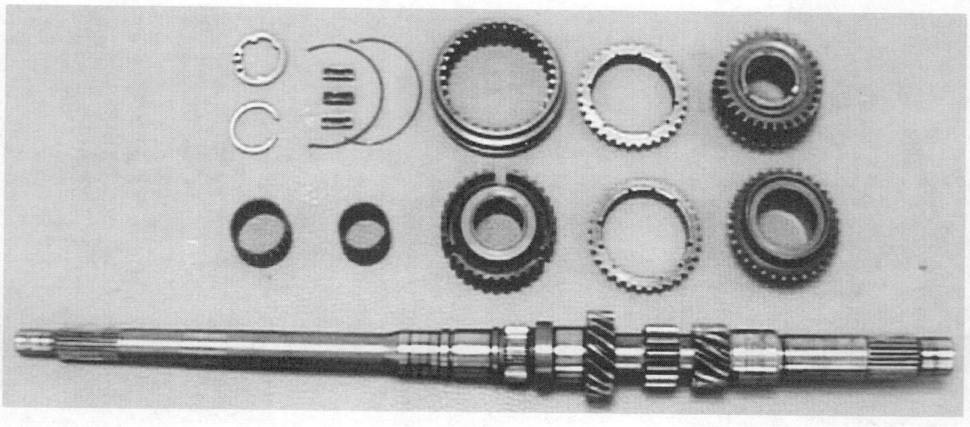

3）分解输出轴

(1) 用压床垫块支撑输入轴一挡齿轮，用压床压输出轴，将输出轴内轴承和一挡齿轮压出。

设备：压床

(2) 取出一挡齿轮滚针轴承和一挡同步环。

(3) 用压床垫块支撑输入轴二挡齿轮，用压床压输出轴，将输出轴二挡齿轮、一、二挡同步器、二挡同步环和一挡齿轮滚针轴承的轴承套压出，取出二挡滚针轴承。

设备：压床

(4) 分解一、二挡同步器的花键毂和接合齿套。

注意：分解时两手护住同步器，防止滑块和止动弹簧弹出，取出 3 个滑块和 2 个止动弹簧。

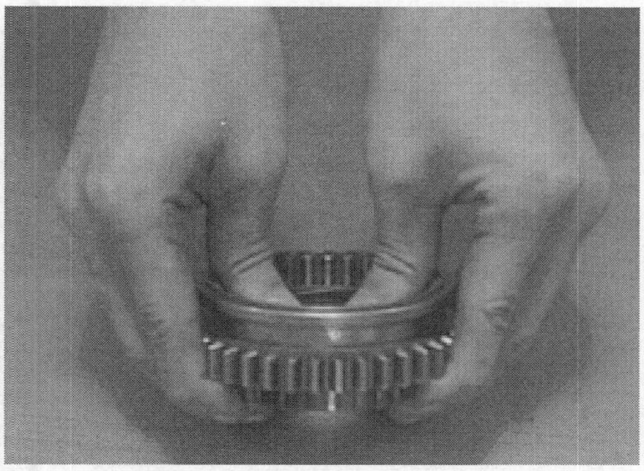

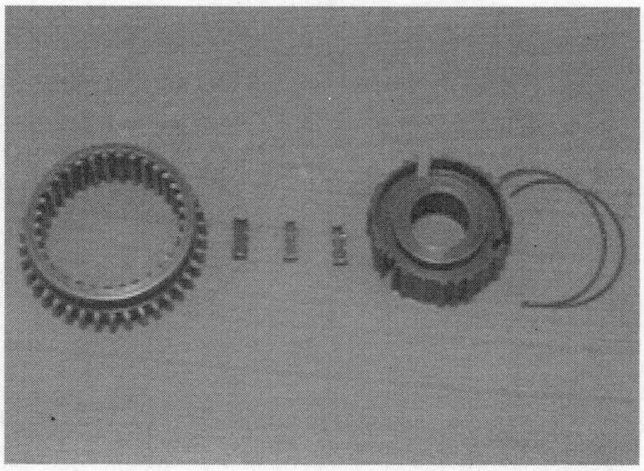

2. 变速器零件的检验

(1) 检查主减速器主动锥齿轮的情况，主动锥齿轮损伤的齿数不多于2个，而且受损伤的齿不能相邻，否则应同主减速器从动锥齿轮一同更换。

(2) 检查轴承，如有损坏需更换新件。

(3) 检查各挡位齿轮，如有损坏应与其啮合的齿轮一同更换。

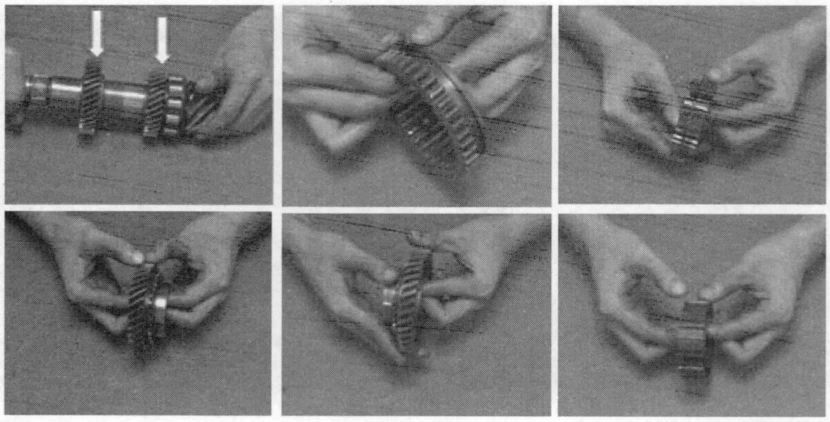

(4) 将同步环贴在极其平滑的表面上(平板、玻璃等)，检查同步环是否扭曲变形，有则需要更换同步环。

(5) 检查轴承，如有损坏需更换新件。

(6) 用钢丝刷清洁同步环的内锥面。

耗材：钢丝刷

(7) 检查同步器中的止动弹簧是否弯曲变形，有则需要更换。

(8) 将同步环压在各自齿轮的锥面上，用厚薄规测量各同步环与齿轮的间隙，如果测量间隙不在规定范围之内，则应更换同步环，见下表。

工具：厚薄规

各同步环与齿轮的间隙

同步环	间隙 A/mm	
	新的零件	磨损的限度
一挡和二挡	1.10～1.17	0.05
三挡和四挡	1.35～1.90	0.05
五挡	1.10～1.70	0.05

(9) 检查壳体是否有变形、裂纹，如变形或裂纹严重，则必须更换壳体。

(10) 检查壳体内的轴承转动是否自如,有无松动、异响、损坏等现象,如严重,则必须更换轴承。

3. 变速器的安装

1) 组装输入轴

(1) 组装三、四挡同步器花键毂和接合齿套将花键毂装入接合齿套中。

注意: 将花键毂上的3个缺口对准接合齿套内的3个凹槽。

(2) 将3个滑块装入花键毂的3个缺口中,滑块凹槽朝向花键毂中心。

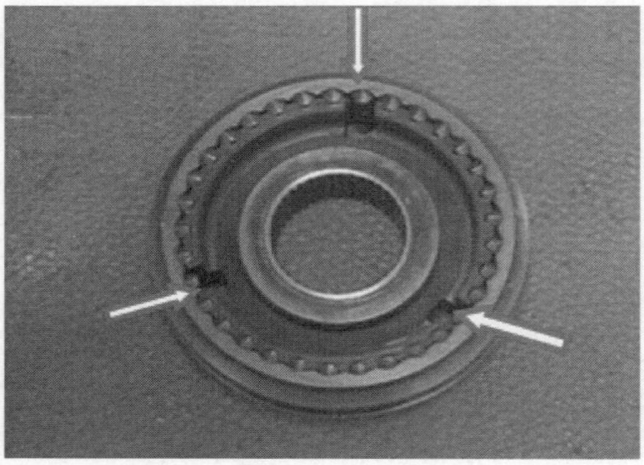

(3) 安装2个止动弹簧,将止动弹簧带钩的一端装到其中一个滑块凹槽中。

(4) 用手按压止动弹簧,将止动弹簧卡在花键毂内圈,卡住3个滑块。

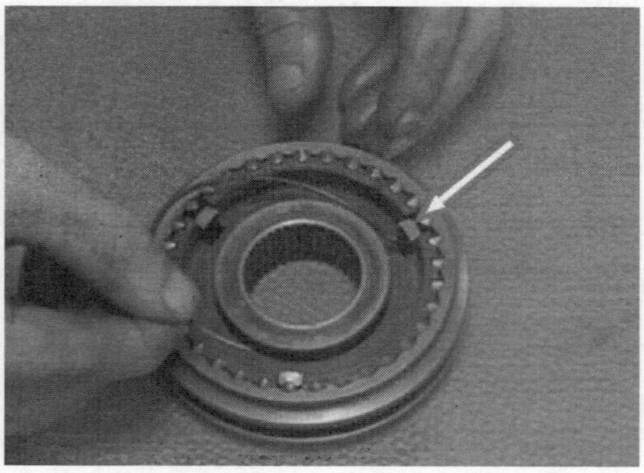

(5) 反转同步器,安装另一个止动弹簧。安装时注意,为了保证三个滑块受力均衡,止动弹簧带钩的一端不能安装在同一个滑块中,要相隔120°。

(6) 在三挡齿轮滚针轴承上涂抹机油。

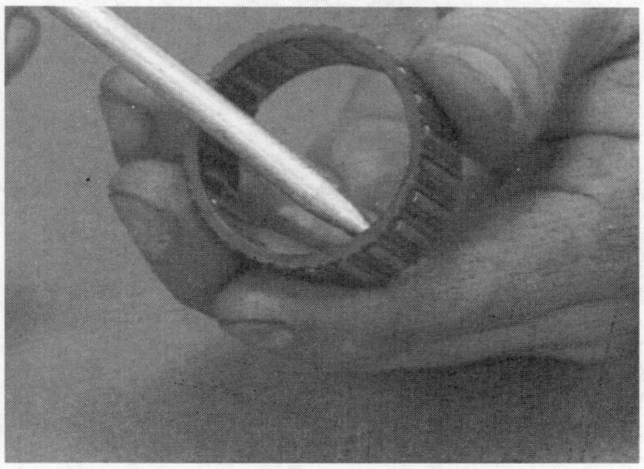

(7) 将三挡齿轮滚针轴承安装到输入轴上。

(8) 将三挡齿轮安装到输入轴上。

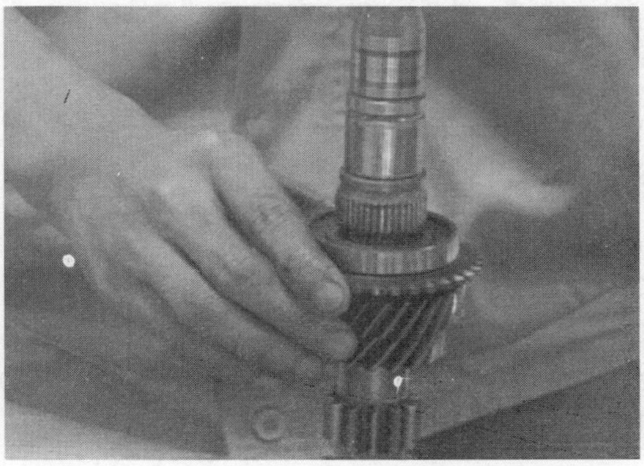

(9) 将三挡同步环安装到输入轴上。

(10) 将三、四挡同步器安装到输入轴上。

注意: 花键毂上有标记槽的一面向上即朝向四挡齿轮。

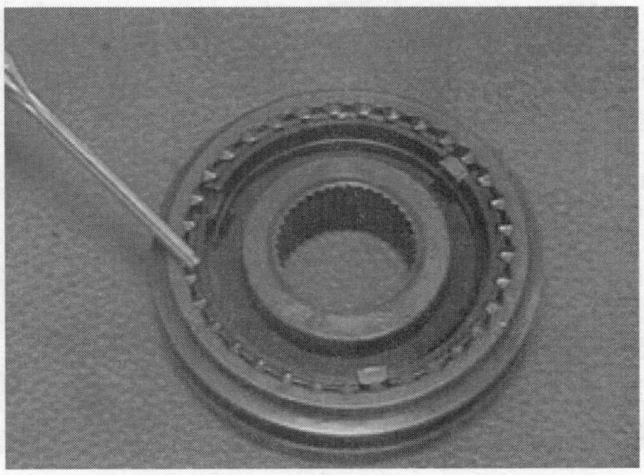

（11）将三、四挡花键毂定位卡簧安装到输入轴上的卡簧槽内。

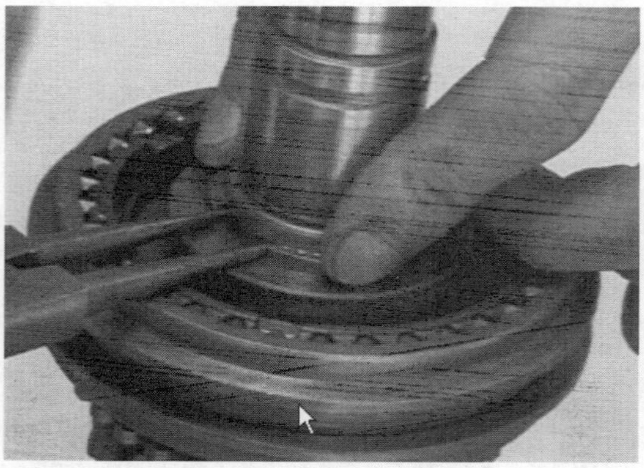

工具：卡簧钳

（12）将四挡同步环安装到输入轴上。

注意： 将四挡同步环上的3个缺口对准三、四挡同步器上的3个滑块。

（13）在四挡齿轮滚针轴承上涂抹机油。

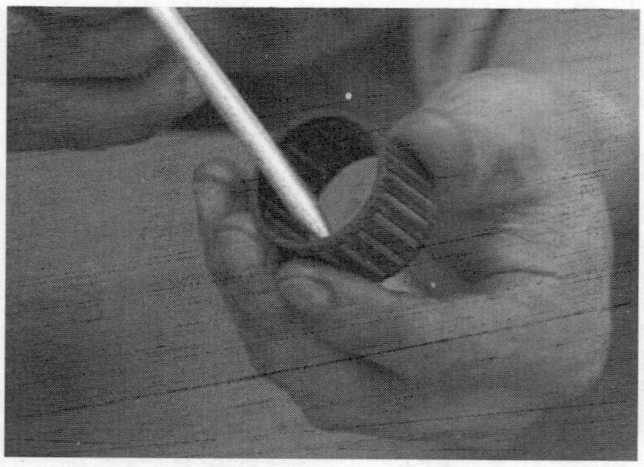

（14）将四挡齿轮滚针轴承安装到输入轴上。

（15）将四挡齿轮安装到输入轴上。

（16）将四挡齿轮卡环安装到输入轴上的卡簧槽内。

工具：卡簧钳

(17) 输入轴组装完毕。

2) 组装输出轴

(1) 组装一、二挡同步器的花键毂和接合齿套，接合齿套有齿的一端向上放在工作台上。

(2) 然后将花键毂有标记槽的一面朝上装进接合齿套中。

注意：将花键毂上的 3 个缺口对准接合齿套上的 3 个凹槽。

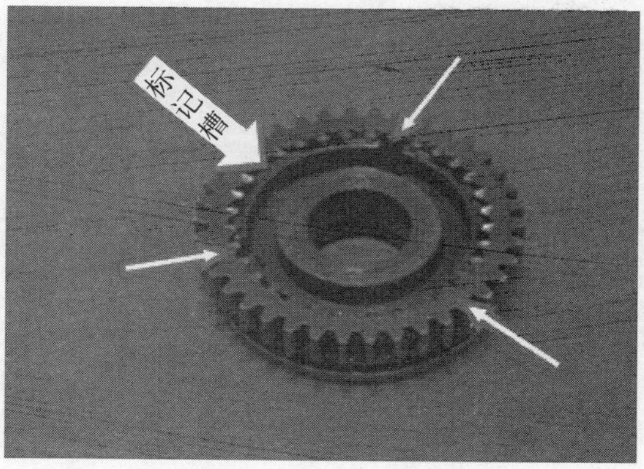

(3) 将 3 个滑块安装到花键毂的 3 个缺口中，且将滑块凹槽面朝向花键毂中心。

(4) 安装 2 个止动弹簧，将止动弹簧带钩的一端装到其中一个滑块凹槽中。

(5) 用手按压止动弹簧,将止动弹簧卡在花键毂内圈,卡住 3 个滑块。

(6) 反转同步器,安装另一个止动弹簧。

注意: 为了保证 3 个滑块受力均衡,止动弹簧带钩的一端不能安装在同一个滑块中,要相隔 120°。

(7) 在二挡齿轮滚针轴承上涂抹机油。

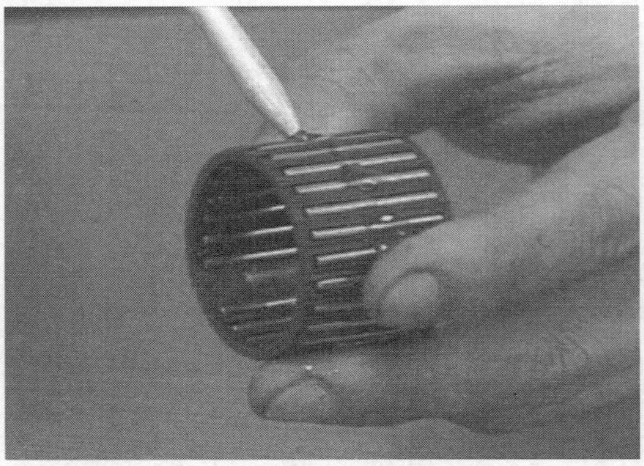

(8) 将二挡齿轮滚针轴承安装到输出轴上。

(9) 将二挡齿轮安装到输出轴上。

(10) 将二挡同步环安装到输出轴上。

(11) 将一、二挡同步器安装到输出轴上，安装时注意，将接合齿套有齿的一端向上，即朝向一挡齿轮。

(12) 将一、二挡同步器花键毂放在压床垫块上，使输出轴垂直压床工作台，用压床将一、二挡同步器花键毂压入输出轴。

注意：在用压床压的同时，要调整一挡同步环，使一挡同步环上的3个缺口对准一、二挡同步器上的3个滑块。

设备：压床

(13) 在一挡齿轮滚针轴承的轴承套内涂抹机泔。

(14) 将一挡齿轮滚针轴承的轴承套安装到输出轴上。

(15) 在一挡齿轮滚针轴承上涂抹机油后安装到输出轴上。

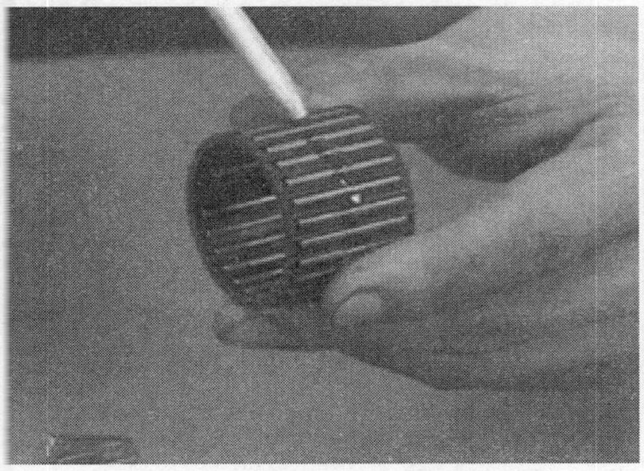

(16) 将一挡齿轮滚针轴承安装到输出轴上。

(17) 将一挡同步环安装到输出轴上。

注意： 将一挡同步环上的3个缺口对准一、二挡同步器上的3个滑块。

(18) 将一挡齿轮安装到输出轴上。

(19) 在输出轴内轴承孔内涂抹机油。

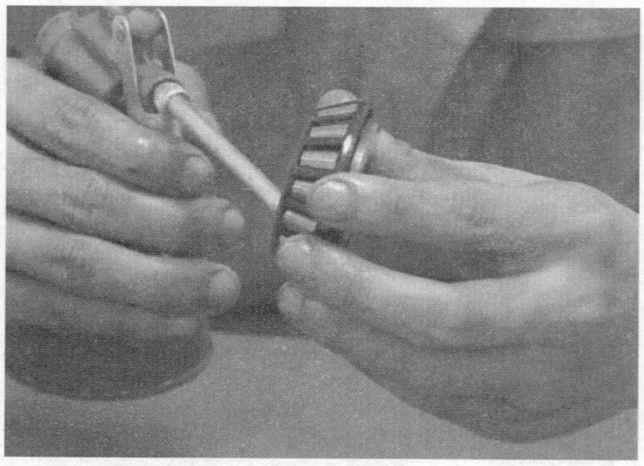

(20) 将输出轴内轴承套在输出轴上。

(21) 用压床垫块支撑输出轴内轴承的内圈使输出轴垂直压床工作台，用压床将输出轴内轴承压入输出轴。

设备：压床

(22) 输出轴安装完毕。

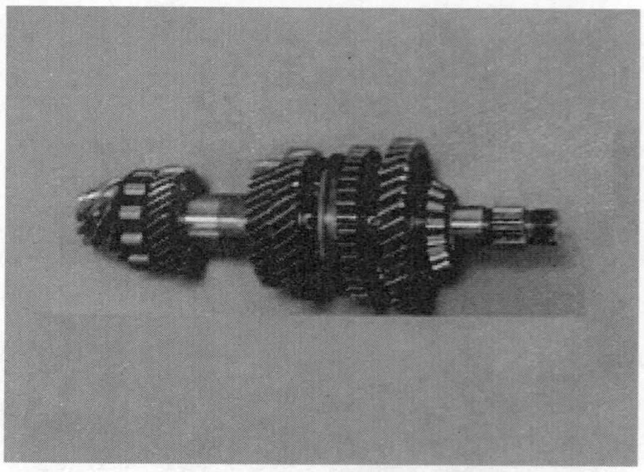

3）安装输出轴、输入轴

（1）将一、二拨叉装在一、二挡同步器接合齿套的拨叉槽中。

（2）用手压缩一、二挡拨叉轴孔中的自锁销。

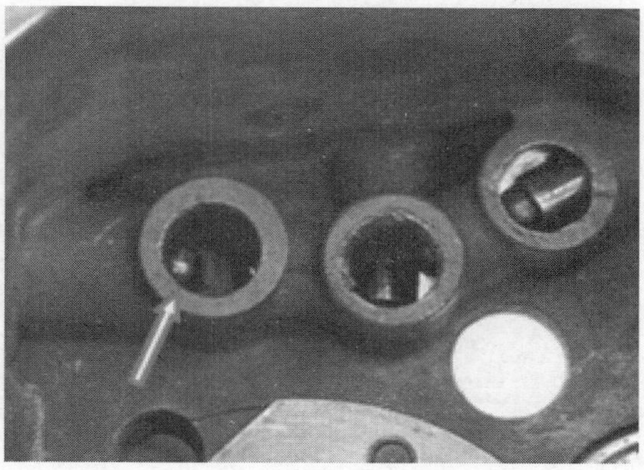

（3）将一、二挡拨叉轴、输出轴对准变速器壳体上的相应孔，并一起装入变速器壳体中。

（4）将输出轴垂直置于压床工作台上，将自制套管放在输出轴外轴承内圈上，用压床压自制套管，将输出轴外轴承压入输出轴，但不能压紧，要保持一定的间隙，使输出轴可以晃动，以便安装输入轴。

工具、设备：自制套管、压床

（5）将输出轴五挡齿轮装在输出轴上。

（6）用手旋上输出轴固定螺栓。

(7) 用橡胶锤将倒挡轴敲入倒挡轴轴孔中。

工具：橡胶锤

(8) 同时将倒挡齿轮装在倒挡轴上，有凸缘一头向外。

(9) 转动倒挡轴，使倒挡轴定位销对准变速器壳上的定位槽。

(10) 用一字起子顶住变速器壳五挡、倒挡拨叉轴孔内的自锁销。

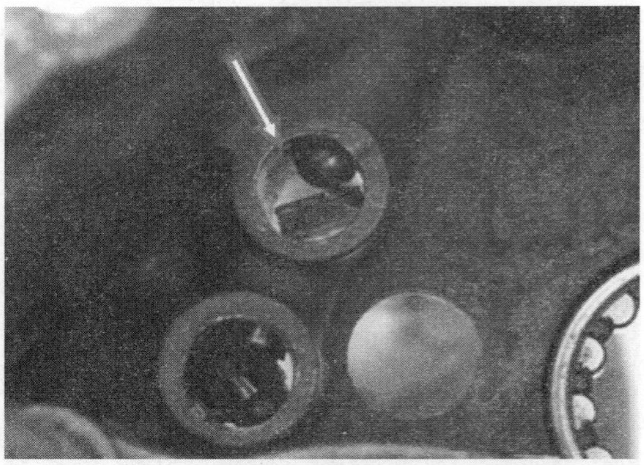

工具：一字起子

(11) 将五挡、倒挡拨叉轴装入变速器壳轴孔中，五挡、倒挡拨叉轴上的两个开槽朝向自锁销，使五挡、倒挡拨叉轴端面和起子接触。

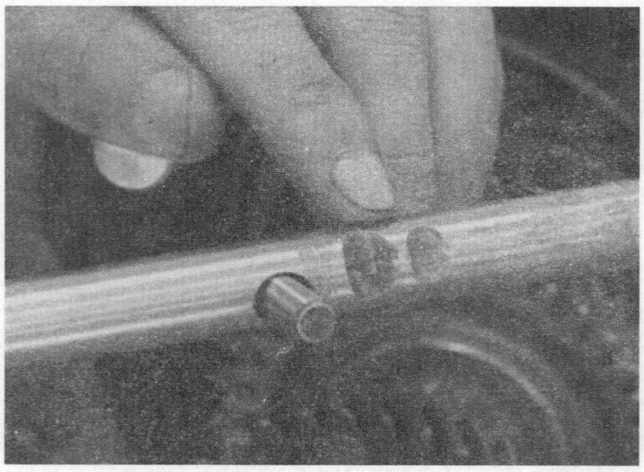

(12) 用橡胶锤快速将五挡、倒挡拨叉轴敲入变速器壳轴孔中。

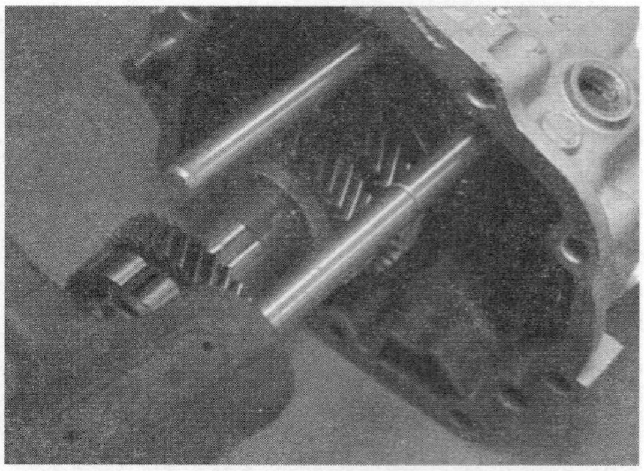

工具：橡胶锤

(13) 再用手推五挡、倒挡拨叉轴，感觉有明显阻力为止。

(14) 安装倒挡拨叉，将倒挡拨叉下端卡在倒挡齿轮上。

(15) 将倒挡换挡销装入倒挡拨叉上端最深槽内。

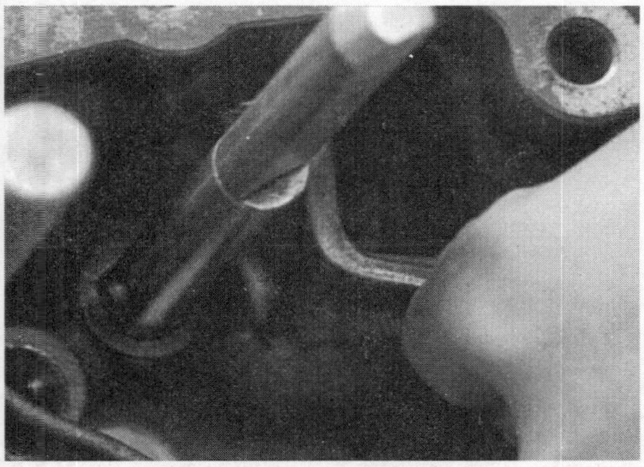

(16) 将变速器壳体上的倒挡拨叉支撑螺栓旋入倒挡拨叉上的螺栓孔，以固定倒挡拨叉。

(17) 将三、四挡拨叉套在三、四挡同步器接合齿套的拨叉槽中，三、四挡拨叉上有定位孔的一头向外。

(18) 一手将输出轴向离开壳体的方向拉，以便于输入轴的安装，一手将输入轴装入变速器壳轴承孔中。

(19) 挂上一挡,使输出轴和输入轴有传动连接,再用管子钳锁定输入轴。

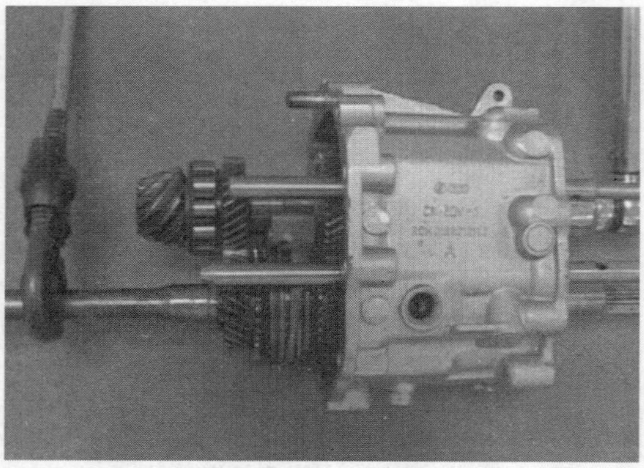

工具：管子钳

(20) 将输出轴固定螺栓拧紧,拧紧力矩为 100 N · m。

工具：32 mm 套筒、可调扭力扳手

(21) 将三、四挡拨叉轴对准轴孔装入变速器壳体。

注意： 安装前必须将一、二挡拨叉轴和五挡、倒挡拨叉轴同时挂在空挡位置。

(22) 将三、四挡拨叉轴向外拉出,直至拨叉轴上的互锁销孔露出。

(23) 将互锁销装到三、四挡拨叉轴的互锁销孔中。

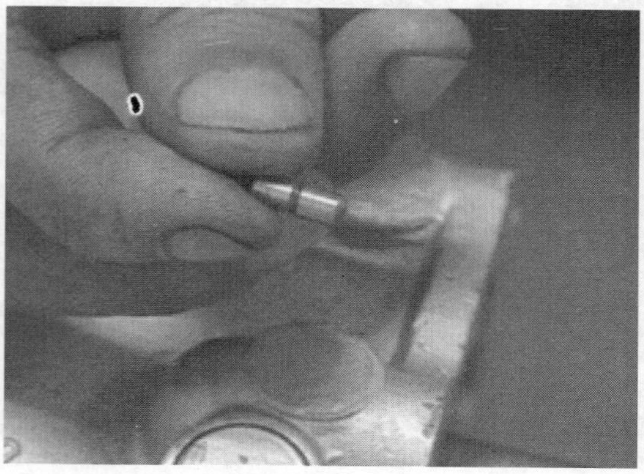

(24) 用手扶住三、四挡拨叉,将三、四挡拨叉轴推入,将拨叉轴装入拨叉孔中,并对准定位孔。

（25）将定位销敲入定位孔中。

（26）用手旋上倒挡锁螺栓。

工具：錾子、锤子

（27）拧紧倒挡锁螺栓，拧紧力矩为 35 N·m。

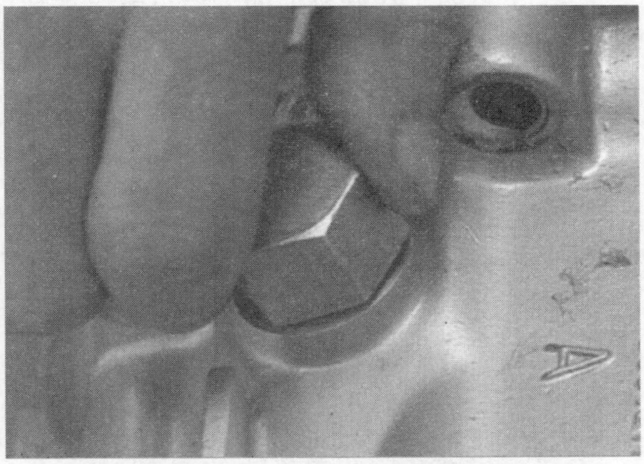

（28）拧紧倒挡拨叉支撑螺栓，拧紧力矩为 35 N·m。

工具：22 mm 套筒、可调扭力扳手

工具：可调扭力扳手、8 mm 内梅花扳手

(29) 将固定垫圈装入输入轴。

(30) 将五挡滚针轴承套敲入输入轴。

工具：锤子、自制套筒

(31) 将两个涂好机油的五挡齿轮滚针轴承装入输入轴。

(32) 将五挡拨叉装在五挡同步器接合齿圈的拨叉槽中，并一起装入输入轴，安装时要将五挡、倒挡拨叉轴对准拨叉孔，将拨叉套在拨叉轴上，并对准定位孔。

(33) 将定位销敲入定位孔中。

工具：錾子、锤子

(34) 将五挡同步环装入输入轴。

(35) 将五挡同步器套管装入输入轴，并将其敲紧。

工具：铜棒、锤子

(36) 将一、二挡换挡拖钩装在一、二挡拨叉轴上。

(37) 将内换挡杆上的弹簧的两端卡在三、四挡拨叉轴两侧，逆时针转动内换挡杆，将内换挡杆推入变速器壳上的导向孔中，同时使内换挡杆凸缘部分进入拨叉轴的凹槽内。

(38) 将一、二挡换挡拖钩顺时针转动，与其他拨叉轴的凹槽对齐。

(39) 将定位销敲入定位孔中，将换挡拖钩和一、二挡拨叉轴固定。

工具：錾子、锤子

(40) 在变速器后端盖接触面上涂抹密封胶。

(41) 安装变速器后端盖，安装时对准内换挡杆孔和定位销孔。

(42) 将后端盖敲入。

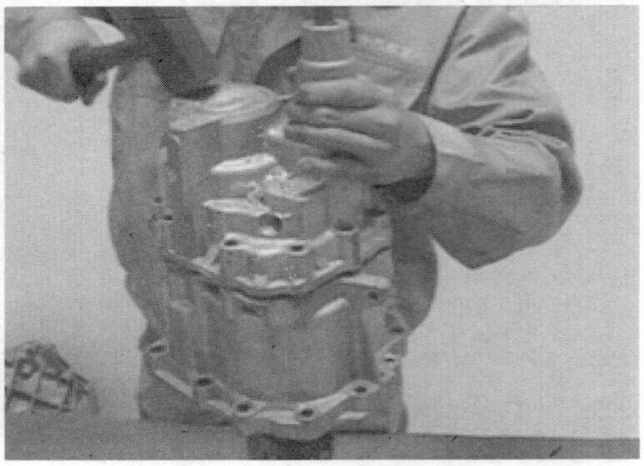

工具：橡胶锤

(43) 拧紧变速器后端盖的10个固定螺栓，拧紧力矩为25 N·m。

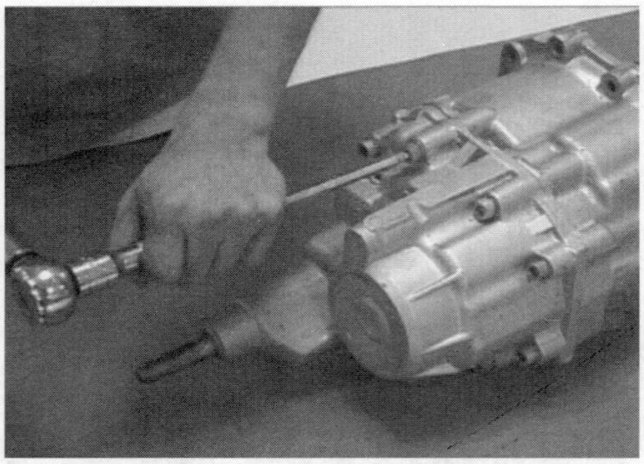

工具：6 mm内六角扳手、可调扭力扳手

(44) 在变速器前壳体接触面上涂抹密封胶。

(45) 安装变速器后壳体，安装时对准输入轴轴孔和定位销孔。

(46) 将后壳体敲入前壳体内。

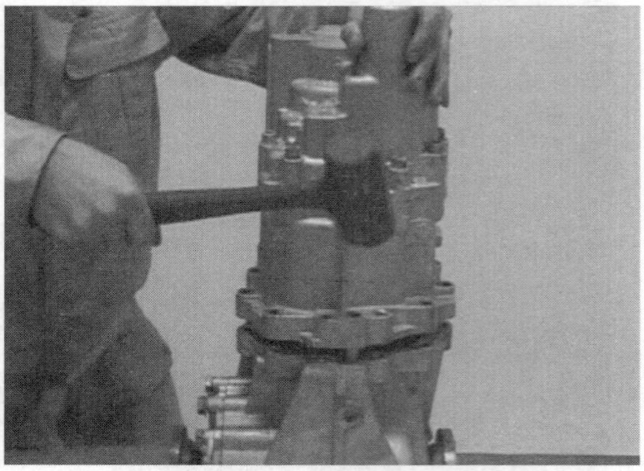

工具：橡胶锤

(47) 拧紧变速器后壳体的 11 个固定螺栓，拧紧力矩为 25 N·m。

工具：13 mm 套筒、可调扭力扳手

4. 变速器常见故障的诊断与排除

故障现象	故障原因	排除方法
变速器跳挡	1) 换挡杆调整不正确 2)齿轮或齿套齿形磨损成锥形 3) 轴、轴承或齿轮磨损松旷或轴向窜动量过大 4) 拨叉轴的定位凹槽或定位球磨损，定位弹簧折断 5) 同步器锁环(同步环)锥面磨损、变形或损坏 6) 变速器与发动机连接螺栓松动或紧度不一致	1) 检查、调整换挡杆 2) 更换齿轮 3) 更换轴承、轴或齿轮，轴向窜动大应该进行调整 4) 更换损坏件 5)更换同步器锁环 6)按规定扭矩拧紧
变速器乱挡	1) 变速杆定位销磨损松旷、丢失 2) 互锁销磨损 3) 变速杆下端拨球磨损	1) 更换定位销 2) 更换互锁销 3) 修复或更换变速杆
换挡困难	1) 离合器分离不彻底 2) 拨叉轴弯曲，或拨叉轴与孔锈蚀 3) 操纵杆调整不当 4) 同步器损坏	1) 查明原因，予以排除 2) 清洗、校正拨叉轴 3) 正确调整操纵杆 4) 更换同步器
变速器异响	1) 变速器缺油或油变质 2) 轴承磨损或损坏 3) 齿轮啮合不良，修理时没有成对更换齿轮 4) 齿面疲劳脱落或齿套齿形损坏 5) 同步器磨损或损坏 6) 变速器内掉有异物	1) 更换润滑油 2) 更换轴承 3) 重新更换成对齿轮 4) 更换齿轮 5) 更换同步器 6) 分解变速器，取出异物

(五) 技术要点

1. 用铜棒和锤子敲击后壳体和后端盖时，应对称敲击有加强筋的两个敲击口，以免损坏后壳体和后端盖；
2. 变速器壳体较薄，壳体上各轴承不得用敲击法拆装，应采用专用工具进行拉压，以防壳体变形；
3. 在安装各同步器时，要将 3 个滑块安装到花键毂的 3 个缺口中；止动弹簧带勾头端要岔开 120°安装；
4. 输出轴固定螺栓拧紧力矩为 100 N·m；
5. 倒挡拨叉支撑螺栓拧紧力矩为 35 N·m；
6. 倒挡锁螺栓拧紧力矩为 35 N·m；

7. 变速器后端盖的 10 个固定螺栓拧紧力矩为 25 N·m；
8. 变速器后壳体的 11 个固定螺栓拧紧力矩为 25 N·m。

二、工作页

1. 写出变速器的分解步骤。

2. 写出变速器的安装步骤。

3. 测量各同步齿环与齿轮的间隙，填入下表。

同步环	测量间隙	是否符合技术要求
一挡和二挡		
三挡和四挡		
五挡		

三、复习思考题

1. 变速器的常见故障有哪些？

2. 脱挡的故障现象是什么？

3. 如何排除换挡困难的故障？

4. 变速器如何实现换挡？

实训五 万向传动装置的拆装与检修

姓名：____________ 班级：____________ 日期：____________

一、实训指导

（一）实训目标

1. 学会拆装万向传动装置总成；
2. 学会分解和装配万向传动装置；
3. 了解万向传动装置主要零件失效可能产生的故障现象及排除方法。

（二）安全要求及注意事项

1. 正确使用举升机及工具；
2. 清洗球笼时，应注意防火措施，加强安全操作；
3. 用撬杆分离下摇臂和转向节时，应注意安全。

（三）设备/工具/耗材要求

设备：桑塔纳 GLi 乘用车一台、万向传动装置一套、举升机一台。

工具：17 mm 套筒、30 mm 套筒、8 mm 内梅花扳手、17 mm 梅开扳手、指针扭力扳手、可调扭力扳手、一字起子、十字起子、尖嘴钳、橡胶锤、木柄手锤、卡簧钳、铜棒、撬杆、棘轮扳手、接杆。

耗材：洗涤油盆、Gb 润滑脂、记号笔、刷子、汽油、毛巾。

（四）实训操作指导

1. 万向传动装置的拆卸

（1）对角旋松车轮的4个固定螺栓。

工具：17 mm 套筒扳手

（2）举升车辆，使车轮离地1 m左右（一般与维修人员的腰平齐），旋下车轮的4个固定螺栓，拆下车轮。

注意：车辆举升到位，锁止举升支臂。

工具：17 mm 套筒扳手

（3）旋下轮毂与传动轴的紧固螺母。

（4）用起子插入制动盘散热孔内限制传动轴转动。

（5）旋下传动轴凸缘的6个固定螺栓。

（6）旋下下摇臂球头销定位螺栓的螺母，取出下摇臂球头销定位螺栓。

工具：17 mm 梅花扳手、17 mm 套筒

（7）使用撬杆向下压下摇臂，使下摇臂球头与减振器下支架分离。

工具：撬杆

（8）将外传动轴从车轮轴承壳内拉出。

工具：17 mm 梅花扳手、17 mm 套筒

（9）取下传动轴总成。

工具：撬杆

（10）取下外万向节橡胶护套的 2 个夹箍。

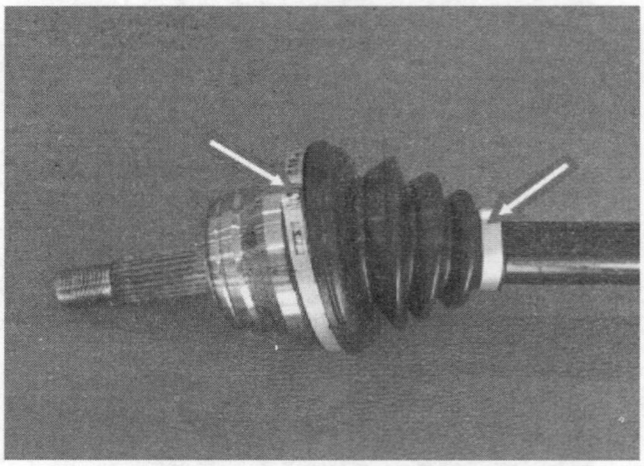

工具：尖嘴钳、一字起子

（11）将橡胶护罩拉离外万向节。

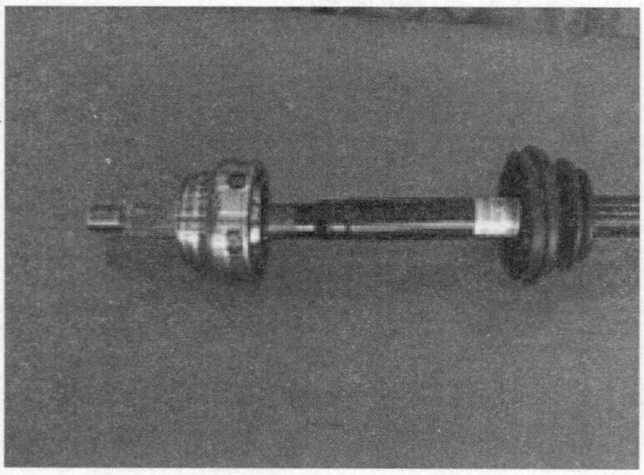

（12）用橡胶锤敲击外万向节球壳，敲下外万向节。

注意：禁止使用硬金属手锤敲击球壳，以免损伤万向节。

工具：橡胶锤

(13) 取下隔套圈、蝶形座圈。

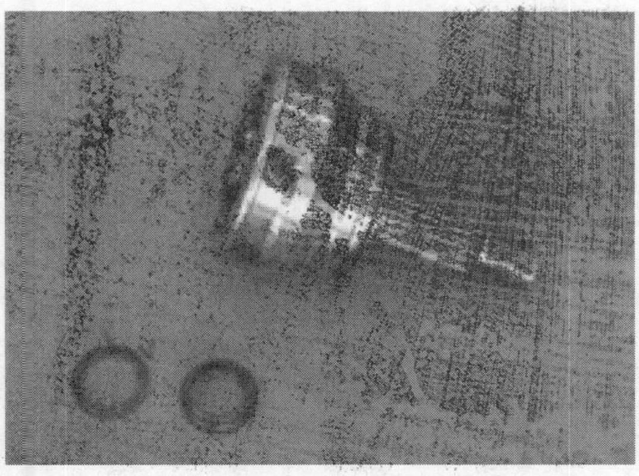

(14) 取下外万向节橡胶护罩。

(15) 外万向节拆卸完毕。

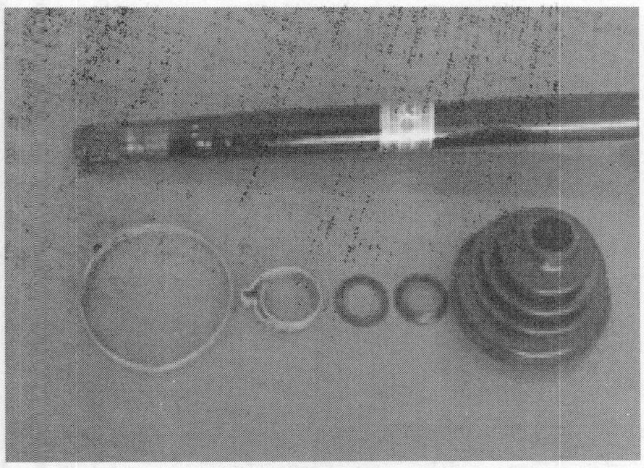

(16) 旋松内万向节橡胶护套的夹箍。

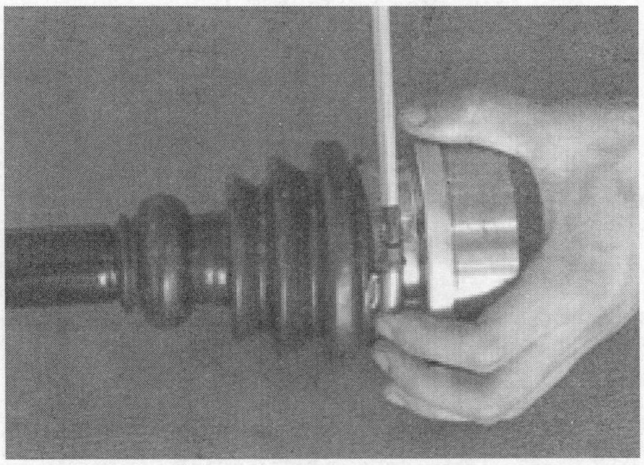

工具：十字起子

(17) 取下内万向节橡胶护罩及夹箍。

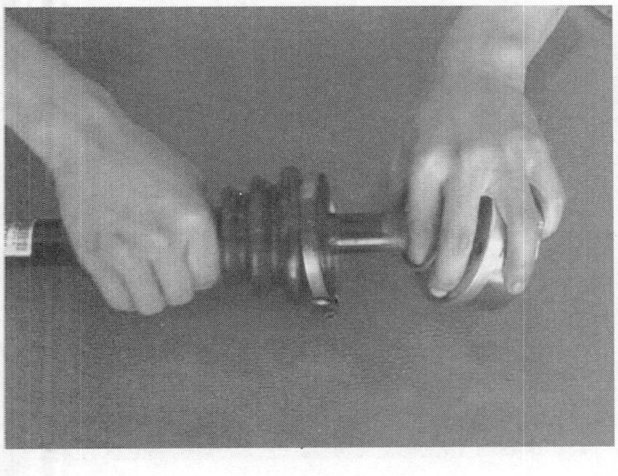

(18) 取下内万向节的弹簧挡圈。

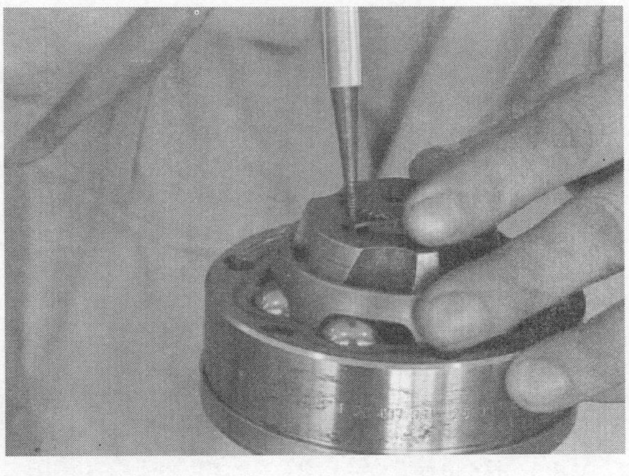

工具：卡簧钳

(19) 一人捧住内万向节球壳，一人敲出花键轴。

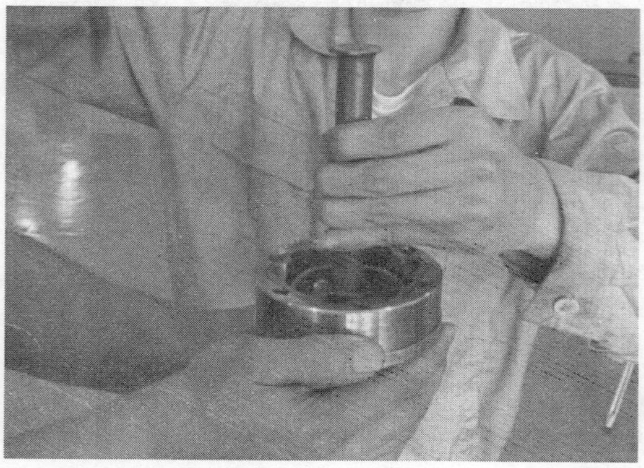

工具：铜棒、木柄手锤

(20) 清洗花键轴、内万向节、外万向节、蝶形座圈、隔套圈。

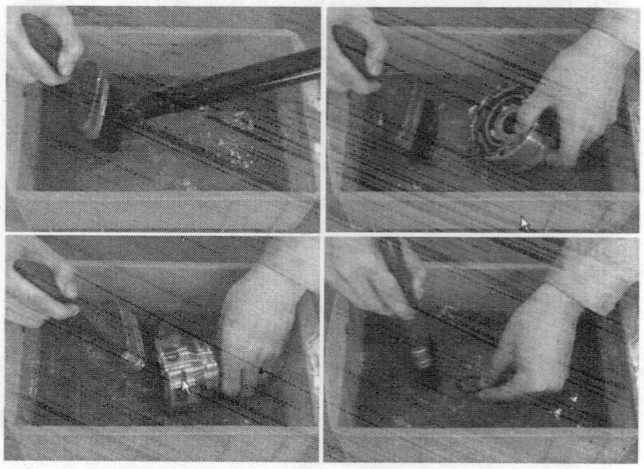

耗材：汽油、刷子

(21) 在球壳、球笼和球毂上做好安装标记。

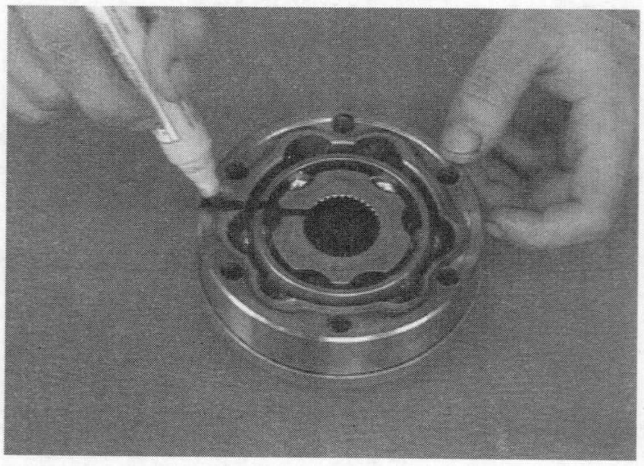

耗材：记号笔

(22) 转球毂与球笼，依次取出 6 个钢球。

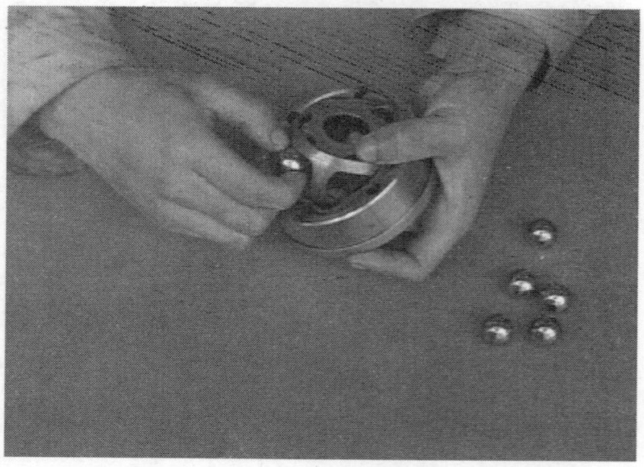

(23) 取出球笼和球毂。

(24) 内万向节分解完毕。

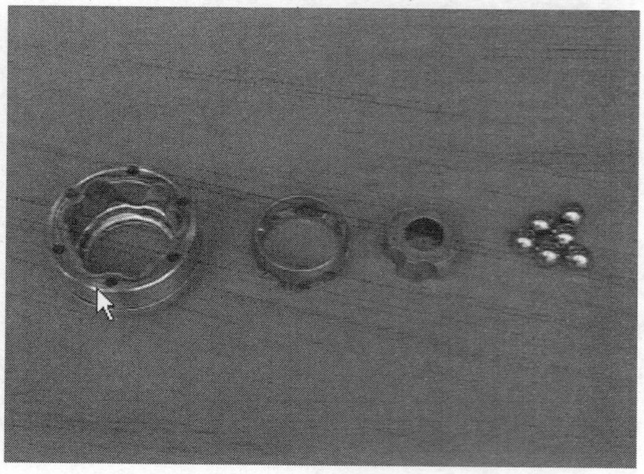

2. 万向传动装置的检查

(1) 拆下内、外万向节后，先检查内、外万向节球壳是否存在裂痕、破损等现象，如有以上现象，则应更换万向节总成。

工具：铜棒、木柄手锤

(2) 检查钢球圆面是否有凹陷、斑点、划痕及不规则磨损等现象，如有以上现象，应更换万向节总成。

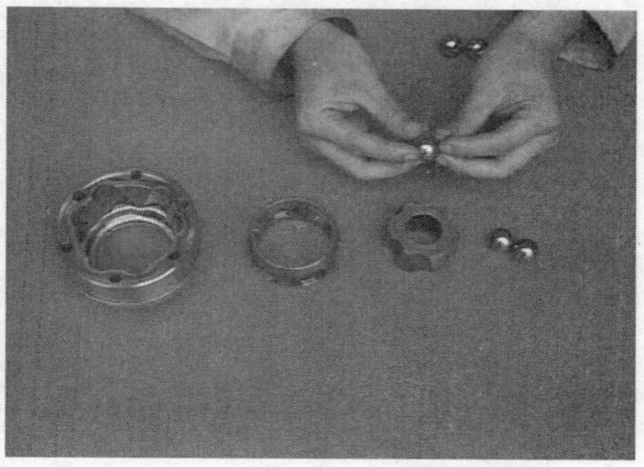

(3) 检查球笼是否有开裂、变形等现象，如有以上现象，应更换万向节总成。

工具：铜棒、木柄手锤

(4) 检查球毂、球壳轨道是否有凹陷、斑点、划痕及不规则磨损等现象，如有以上现象，应更换万向节总成。

(5) 检查花键轴是否有破损、弯曲变形、花键损伤等现象。如有以上现象，则应更换花键轴。

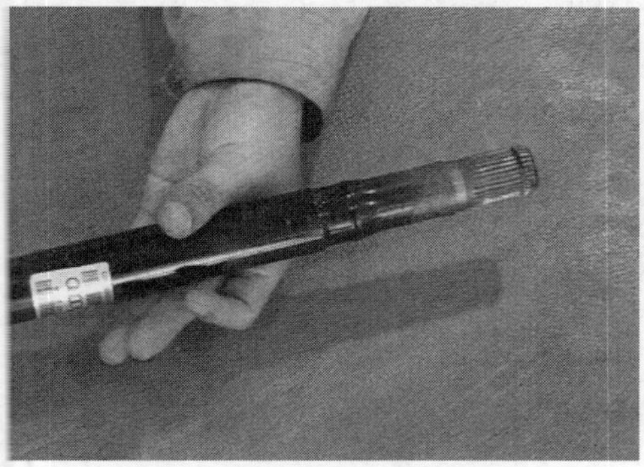

工具：铜棒、木柄手锤

(6) 检查橡胶护罩是否有破裂、橡胶老化等现象，如有以上现象，应予更换。

3. 万向传动装置的安装

(1) 按照安装记号，将球毂嵌入球笼内。

工具：铜棒、木柄手锤

(2) 将球毂和球笼一起装入球壳内。

(3) 转动球毂和球笼，装入 6 个钢球。

注意：转动球毂和球笼时，不要使装入的钢球在轨道中的位置太低，否则钢球容易掉落；且严禁采用敲击方法安装钢球。

(4) 钢球安装完毕后，上下扳动球毂，球毂应摆动顺滑，无卡滞现象，否则，重新安装。

(5) 将适量 G6 润滑脂注入外万向节球壳内。

(6) 将内、外万向节的橡胶护罩安装到传动轴上。

(7) 将蝶形座圈安装到传动轴上，蝶形座圈的凹面应朝向万向节。

(8) 将隔套圈安装到传动轴上，隔套圈的平面应朝向蝶形座圈。

(9) 在花键轴上涂抹适量润滑脂，以减小滑动阻力。

(10) 将花键轴垂直于操作台上，用橡胶锤敲击外万向节。

工具：橡胶锤

(11) 使球毂和蝶形垫圈紧密贴合。

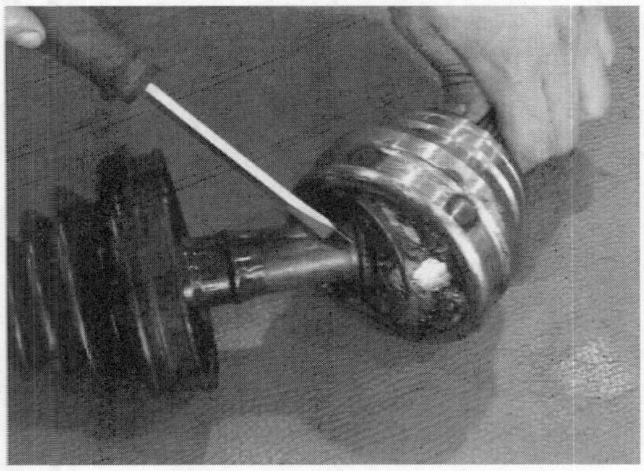

(12) 用力外拉万向环节，检查是否安装到位。

（13）安装外万向节橡胶护套的 2 个夹箍。

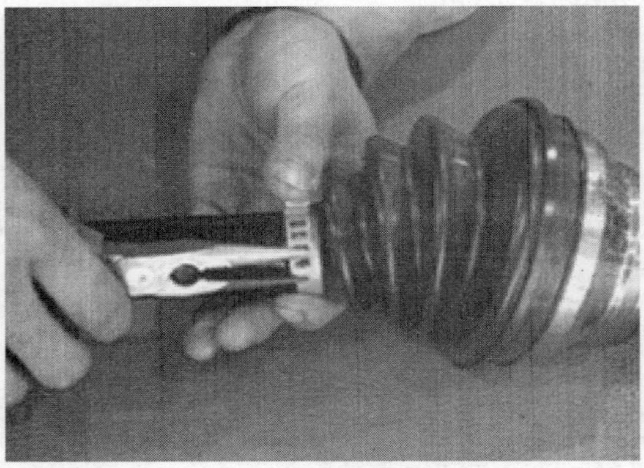

工具：尖嘴钳

（14）在内万向节朝向橡胶护罩的一面加注适量 G6 润滑脂。

耗材：润滑脂

（15）在传动轴上涂抹适量的润滑脂以减小滑动阻力。

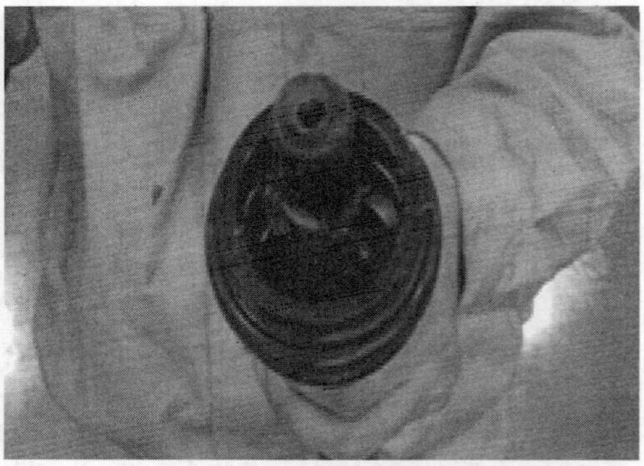

（16）把内万向节安装到传动轴上。

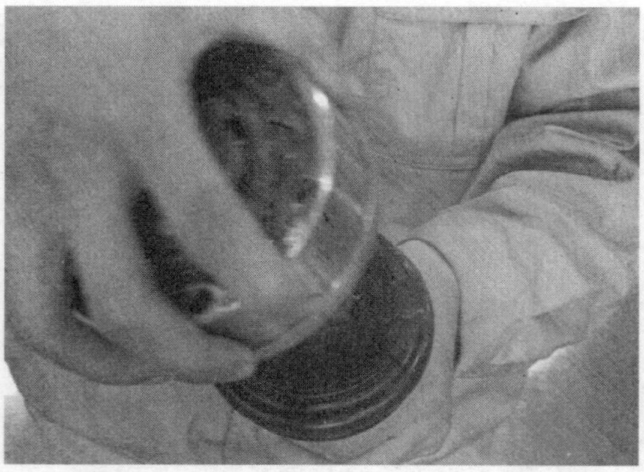

（17）将花键轴垂直于操作台上，用橡胶锤敲击内万向节球毂。

工具：橡胶锤

(18) 敲至花键轴键槽露出。

(19) 安装内万向节的弹簧挡圈。

工具：卡簧钳

(20) 旋紧内万向节橡胶护套的夹箍。

工具：十字起子

(21) 将传动轴外万向节花键轴装入轮毂轴孔内。

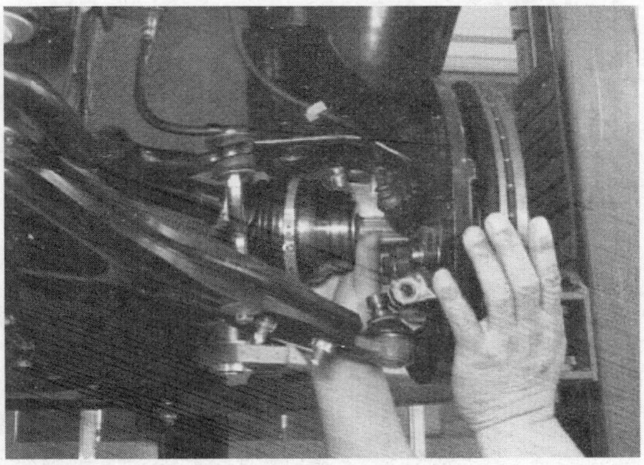

(22) 将下摇臂球头销装入减振器下支架。

(23) 装上下摇臂球头销的定位螺栓、螺母。

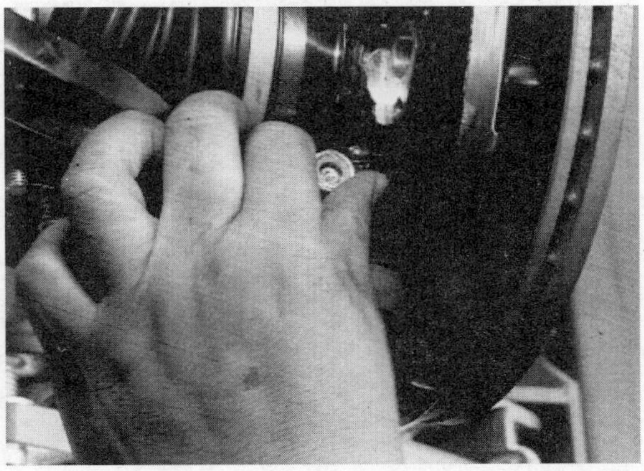

(24) 旋紧下摇臂球头销定位螺栓的螺母，旋紧力矩为 50 N·m。

工具：17 mm 梅花扳手、17 mm 套筒、扭力扳手

(25) 装入轴承垫圈。

(26) 旋上传动轴与轮毂的紧固螺母。

(27) 旋上传动轴凸缘的 6 个固定螺栓。

(28) 用一字起子插入制动盘散热孔内限制传动轴转动。

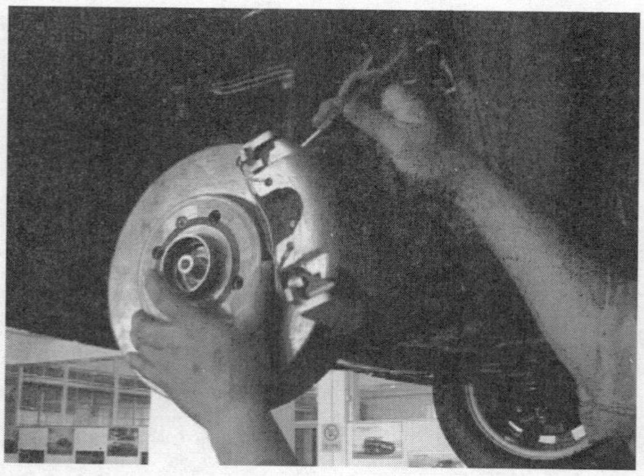

工具：一字起子

(29) 旋紧传动轴凸缘的 6 个固定螺栓，旋紧力矩为 40 N·m。

工具：8 mm 内梅花扳手、扭力扳手

(30) 安装车轮。

(31) 旋上 4 个车轮固定螺栓。

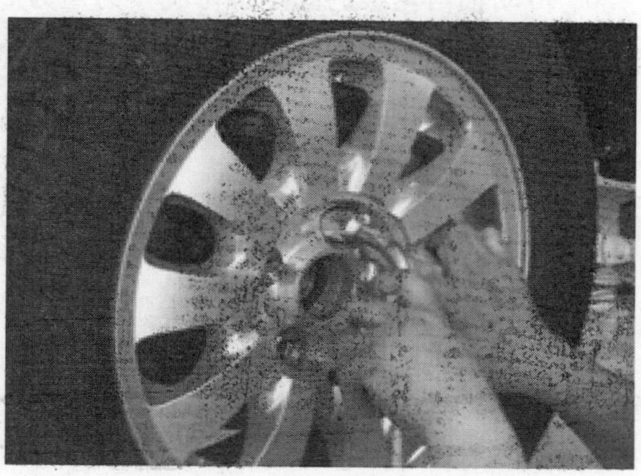

(32) 将车辆下降，降至车轮着地为止，旋紧传动轴与轮毂的固定螺母，旋紧力矩为 230 N·m。

工具：30 mm 套筒、可调扭力扳手

(33)对角旋紧车轮的固定螺栓，旋紧力矩为 110 N·m。

工具：17 mm 套筒、可调扭力扳手

4. 万向传动装置常见故障的诊断与排除

故障现象	故障原因	排除方法
传动轴异响	1) 装配不当 2) 万向节圆周间隙磨损过大	1) 重新装配 2) 更换万向节
驱动桥漏油	1) RF 节或 VL 节橡胶护套损坏 2) 油封损坏	1) 更换橡胶护套 2) 更换油封

(五) 技术要点

1. 禁止直接使用硬金属手锤敲击万向节，以免损伤万向节；
2. 旋紧或旋松传动轴凸缘的固定螺栓时，可将起子插入制动盘散热孔内限制传动轴转动；
3. 使用举升机时，车辆举升到位应先锁止举升支臂，以免发生危险；
4. 下摇臂球头销定位螺栓的旋紧力矩为 50 N·m；

5. 传动轴凸缘上固定螺栓旋紧力矩为 40 N·m；
6. 传动轴与轮毂的固定螺母旋紧力矩为 230 N·m；
7. 车轮的固定螺栓旋紧力矩为 110 N·m。

二、工作页

1. 写出万向传动装置的拆卸步骤。

2. 写出万向传动装置的安装步骤。

三、复习思考题

1. 绘图说明发动机前置后驱汽车万向传动装置的布置，并说明等速传动的条件。

2. 万向节的检查内容包括哪些？

实训六　驱动桥的拆装与检修

姓名：____________　　班级：____________　　日期：____________

一、实训指导

(一) 实训目标

1. 掌握驱动桥的结构；
2. 学会拆装驱动桥；
3. 学会检查主减速器、差速器、轮毂轴承；
4. 了解驱动桥主要总成、零件失效可能产生的故障现象及排除方法。

(二) 安全要求及注意事项

1. 正确使用举升机、压床及工具；
2. 清洗零部件时，应注意防火措施，加强安全操作；
3. 在安装行星齿轮时，应防止行星齿轮夹伤手指。

(三) 设备/工具/耗材要求

设备：桑塔纳 GLi 乘用车一台、举升机一台、驱动桥总成、压床。

工具：13 mm 套筒、17 mm 套筒、22 mm 套筒、22 mm 梅花扳手、橡胶锤、可调扭力扳手、锤子、拉马、起子、錾子、铜棒、台虎钳、摇杆、接杆。

耗材：洗涤油盆、润滑脂、刷子、汽油。

(四) 实训操作指导

1. 驱动桥的拆卸

(1) 在左半轴法兰盘上拧上 2 个螺栓，将起子插入 2 个螺栓中间固定左半轴。

工具：起子

(2) 旋下右半轴的固定螺栓。

工具：13 mm 套筒、扭力扳手

(3) 在右半轴法兰盘上拧上 2 个螺栓，将起子插入 2 个螺栓之间固定右半轴。

工具：起子

(4) 旋下左半轴的固定螺栓。

工具：13 mm 套筒、扭力扳手

(5) 拔出左右半轴。

(6) 拧下车速里程表的从动齿轮螺栓。

工具：22 mm 梅花扳手

(7) 取出从动齿轮。

(8) 车速里程表从动齿轮。

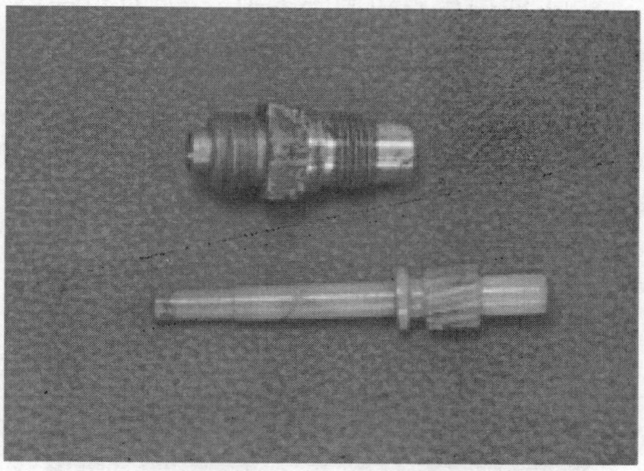

(9) 对角旋松主减速器盖上的固定螺栓。

工具：17 mm 套筒、扭力扳手

(10) 取下主减速器轴承盖。

(11) 将主减速器、差速器从变速器壳体中取出。

(12) 主减速器、差速器。

2. 主减速器、差速器的分解

(1) 使用台虎钳固定差速器壳，对角拧松主减速器从动齿轮的 8 个固定螺栓。

旋下从动齿轮的 8 个固定螺栓。

注意：主减速器从动齿轮固定螺栓是自锁螺栓，一经拆卸必须更换。

工具：13 mm 套筒、扭力扳手、台虎钳

(2) 将主减速器、差速器总成放在压床上，使主减速器从动齿轮的边缘支撑在压床垫块上，用压床压出主减速器从动齿轮。

(3) 取下主减速器从动齿轮。

(4) 敲出行星齿轮轴上的定位销。

工具：锤子、錾子

(5) 敲出行星齿轮轴。

注意：用力要轻，否则会损坏行星齿轮轴。

工具：锤子、錾子

(6) 取出 2 个行星齿轮、2 个半轴齿轮和 2 个螺纹管。

(7) 从差速器壳体中取出复合式止推垫片。

(8) 差速器分解完毕。

3. 主减速器、差速器零件的检修

(1) 使用汽油和刷子清洗半轴齿轮、行星齿轮、行星齿轮轴、定位销、差速器壳，零件清洗后应显露出金属本色，以便于进行零部件的检查。

(2) 检查车速里程表从动齿轮是否有变形、破损，如有损坏，应予更换。

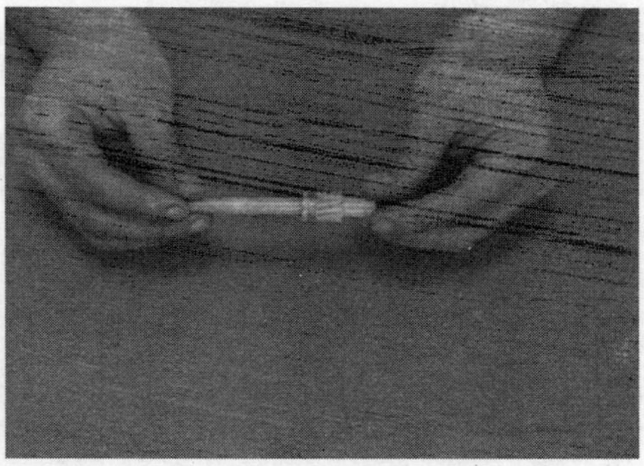

(3) 检查车速里程表主动齿轮是否有变形、破损，如有损坏，则应连同车速里程表的从动齿轮一起更换。

(4) 车速里程表主动齿轮的更换：

将里程表主动齿轮连同锁紧套筒从差速器壳体上一起撬出。

注意：用一字起子撬里程表主动齿轮时用力不能过猛，以免损坏齿轮。

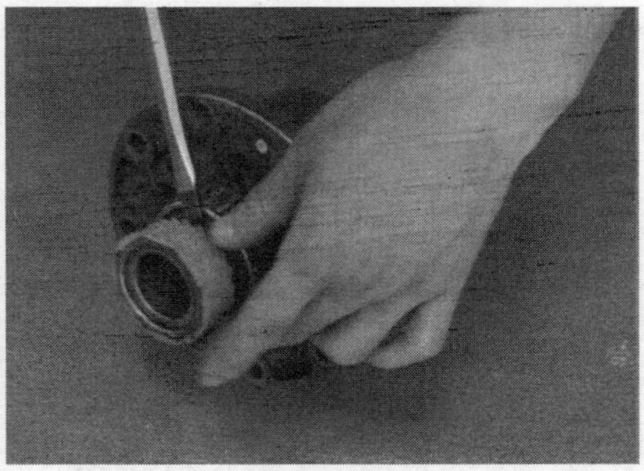

工具：一字起子

(5) 将新的主动齿轮和锁紧套筒装入差速器壳体。

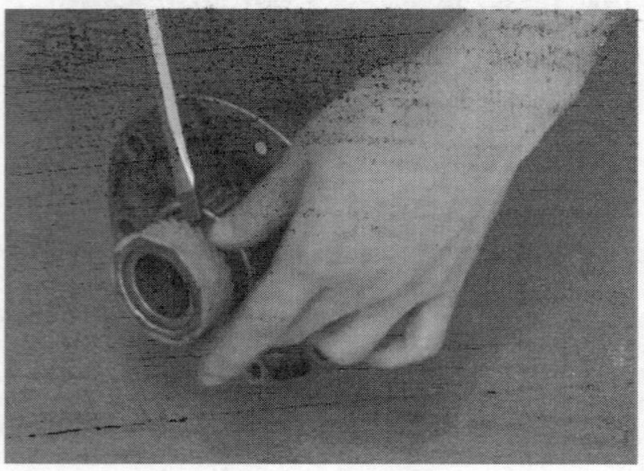

(6) 检查差速器的轴承能否转动自如，是否有松动、烧蚀、变形、裂纹等损坏，如有上述现象，应予以更换。

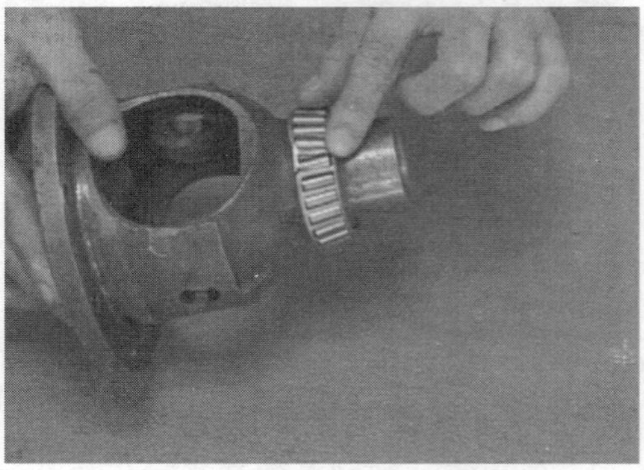

(7) 差速器轴承的更换：

用拉马勾住轴承内圈，用扳手顺时针旋动拉马螺杆，拉出轴承。

注意：拉马不能拉轴承外圈，以免损坏轴承。

工具：拉马

(8) 将新的差速器轴承套在差速器壳体上，用压床将轴承压入差速器壳体。

(9) 检查2个行星齿轮和2个半轴齿轮的是否有烧蚀、裂纹、打齿、异常磨损等损坏，如果有一个齿轮损坏，则需更换整组的行星齿轮和半轴齿轮。

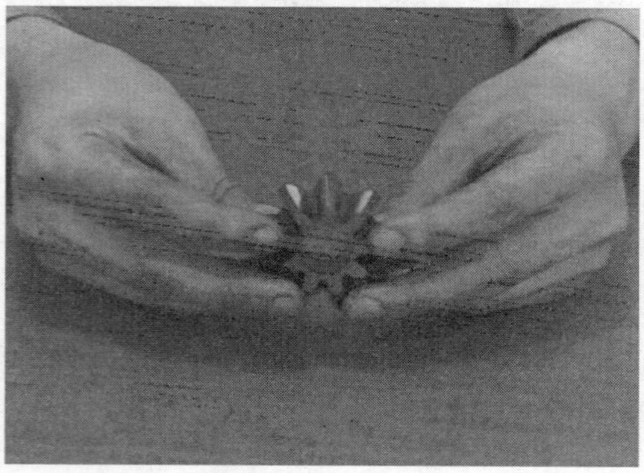

(10) 检查差速器复合式止推垫片是否有变形、破裂等损坏，如有损坏应予以更换。

(11) 检查差速器壳体是否有变形、破裂等损坏,如有上述损坏,应予以更换差速器总成。

(12) 检查主减速器从动齿轮是否有烧蚀、裂纹、打齿、异常磨损等损坏,如有损坏,则应连同主减速器主动齿轮一起更换。

(13) 检查主减速器主动齿轮是否有烧蚀、裂纹、打齿、异常磨损等损坏,如有损坏,则应连同主减速器从动齿轮一起更换。

(14) 检查半轴花键是否有损坏,如有损坏,则应更换半轴及整组的行星齿轮和半轴齿轮。

4. 主减速器、差速器的组装

(1) 将复合式止推垫片装入差速器壳体中,调整复合式止推垫片使两个小孔对准行星齿轮轴孔,两个大孔对准半轴轴孔,并使垫片贴紧差速器壳体内侧。

(2) 在半轴齿轮上涂抹润滑脂,将半轴齿轮对准差速器壳体中半轴轴孔,放入壳体。

耗材:润滑脂

(3) 将螺纹管放在半轴齿轮上。

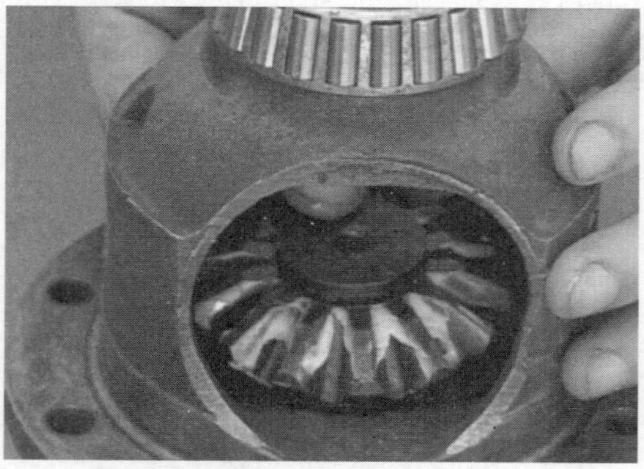

(4) 将半轴对准轴孔,插入壳体。

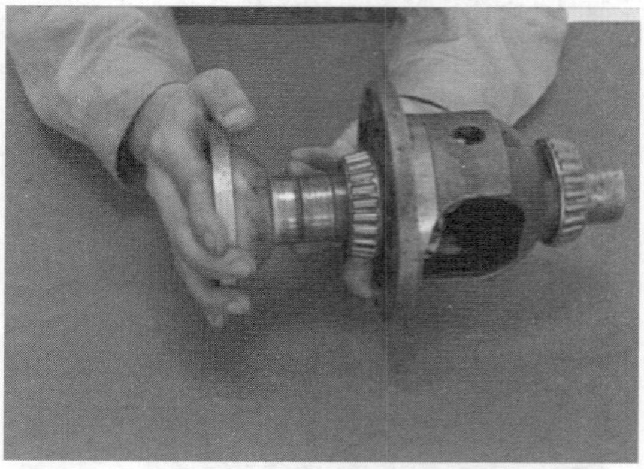

(5) 一手扶住螺纹管和半轴齿轮,一手将半轴固定螺栓旋入螺纹管的螺纹中,以固定半轴齿轮。

(6) 以同样方法安装另一边的半轴齿轮、螺纹管、半轴以及固定螺栓。

(7) 将涂抹好润滑脂的 2 个行星齿轮放在 2 个半轴齿轮之间,使 2 个行星齿轮轴心在一条直线上。

(8) 转动半轴凸缘使 2 个行星齿轮进入差速器壳,转到 2 个行星齿轮轴孔对准差速器壳体上的轴孔为止。

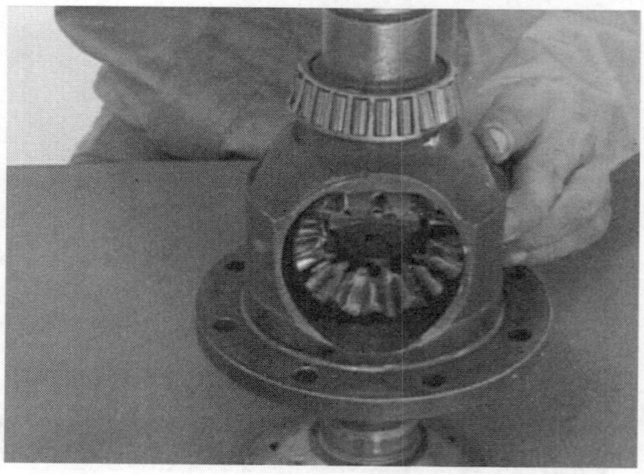

(9) 将涂抹好润滑脂的行星齿轮轴装入差速器壳体中，装入时要将行星齿轮轴定位销孔和差速器壳体的定位销孔对齐。

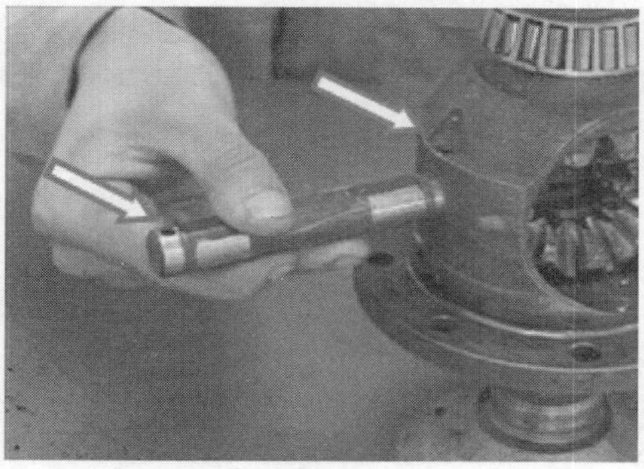

(10) 旋出 2 个半轴固定螺栓，拔出半轴。

(11) 将定位销敲入差速器壳的定位销孔中，以固定行星齿轮轴。

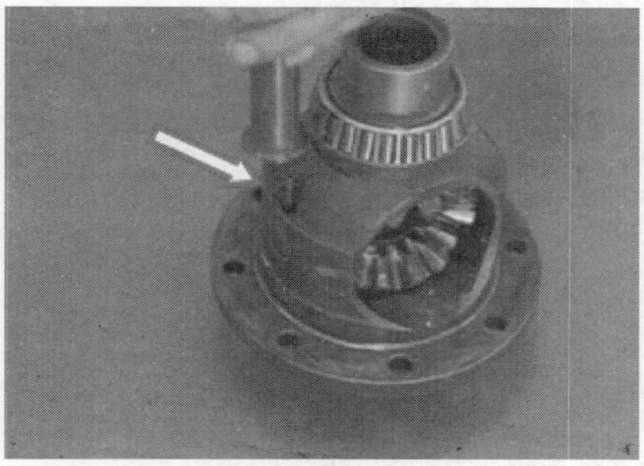

工具：锤子、铜棒

(12) 将主减速器从动齿轮安装到主减速器壳体上。

注意：安装时要对准螺栓孔。

(13) 轻敲主减速器从动齿轮，敲到固定螺栓能旋入从动齿轮螺栓孔中为止。

注意：敲击时用力要轻、均匀，严禁使用手锤直接敲击，以免损坏齿轮。

工具：锤子、铜棒

(14) 用手旋上新的主减速器从动齿轮固定螺栓。

(15) 用台虎钳固定差速器壳，对角拧紧主减速器从动齿轮固定螺栓，拧紧力矩为 70 N·m。

工具：可调扭力扳手、13 mm 套筒

(16) 在主减速器从动齿轮上涂抹润滑脂。

耗材：润滑脂

5. 驱动桥的安装

(1) 将主减速器、差速器总成装入变速器壳体中。

(2) 将主减速器轴承盖螺栓孔对准变速器壳体螺栓孔，装在变速器壳体上。

(3) 对角旋上 2 个螺栓，以确保定位准确。

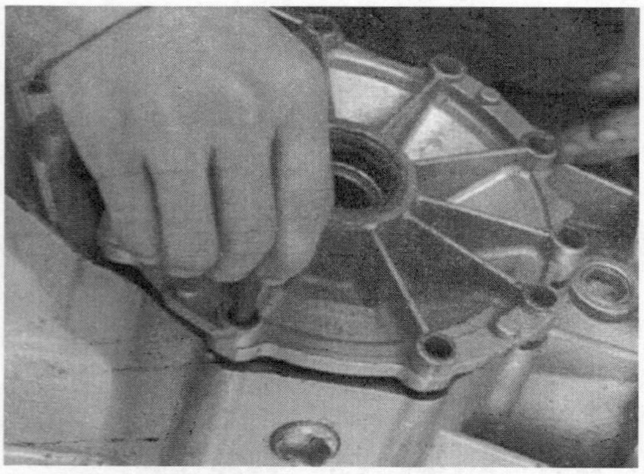

(4) 将主减速器轴承盖敲入变速器壳体。

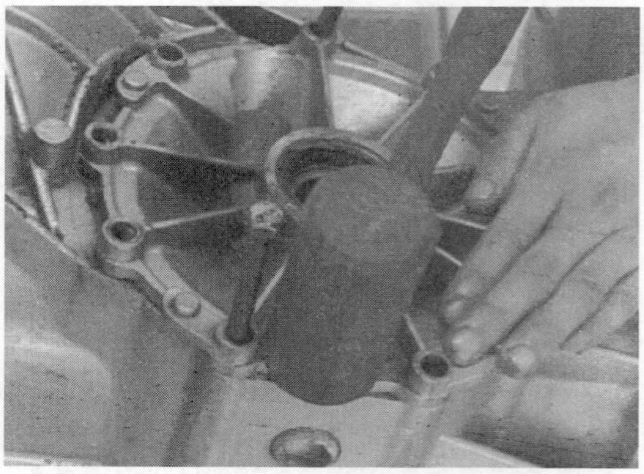

工具：橡胶锤

（5）用手旋上 10 个主减速器盖的固定螺栓。

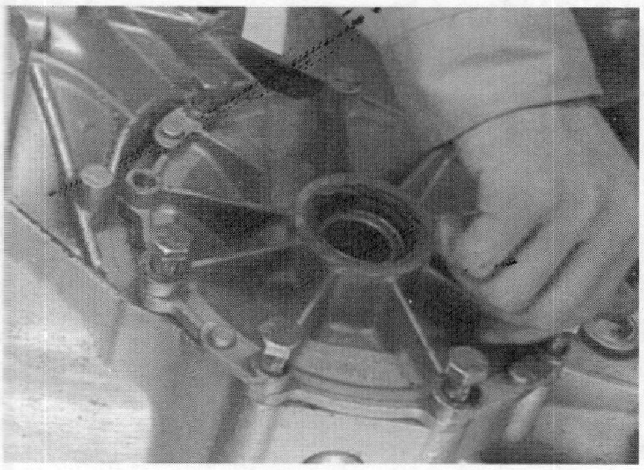

（6）对角拧紧 10 个主减速器盖的固定螺栓，拧紧力矩为 25 N·m。

工具：可调扭力扳手、17 mm 套筒

（7）安装半轴，用手转动半轴齿轮，以确保半轴花键与半轴齿轮花键接合。

（8）用手旋入半轴的固定螺栓。

（9）在左半轴法兰盘上拧上 2 个螺栓，将起子插入 2 个螺栓中间固定右半轴。

工具：起子

（10）拧紧右半轴的固定螺栓，拧紧力矩为20 N·m。

工具：可调扭力扳手、13 mm 套筒

（11）在右半轴法兰盘上拧上2个螺栓，将起子插入2个螺栓中间固定左半轴。

工具：起子

（12）拧紧左半轴的固定螺栓，拧紧力矩为20 N·m。

工具：可调扭力扳手、13 mm套筒

（13）安装车速里程表的从动齿轮。

（14）用手旋上车速里程表的从动齿轮螺栓。

（15）拧紧车速里程表的从动齿轮螺栓，拧紧力矩为20 N·m。

工具：22 mm套筒、可调扭力扳手

（16）安装完毕。

6. 驱动桥常见故障的诊断与排除

故障现象	故障原因	排除方法
驱动桥异响	1）润滑油不足，变质或用油不当 2）主、从动圆锥齿轮啮合间隙过大，产生撞击 3）主减速器或差速器齿轮损坏	1）加足或更换润滑油 2）调整主、从动圆锥齿轮啮合间隙 3）更换主减速器或差速器齿轮
驱动桥漏油	1）RF 节或 VL 节橡胶护套损坏 2）油封损坏	1）更换橡胶护套 2）更换油封

（五）技术要点

1. 用手锤和錾子敲出行星齿轮轴时，用力要轻，否则会损坏行星齿轮轴；

2. 更换车速里程表主动齿轮时，用一字起子撬车速里程表主动齿轮时用力不能过猛，以免损坏齿轮；

3. 用拉马拆卸差速器轴承时，拉马不能拉轴承外圈，以免损坏轴承；

4. 安装主减速器从动齿轮时，要将主减速器从动齿轮螺栓孔和差速器壳上的螺栓孔对准，敲击时用力要轻、均匀，严禁使用手锤直接敲击，以免损坏齿轮；

5. 为确保主减速器轴承盖螺栓孔对准变速器壳体螺栓孔，可以在装入主减速器轴承盖前对角旋上两个螺栓；

6. 主减速器从动齿轮固定螺拧紧力矩为 70 N · m；

7. 主减速器轴承盖固定螺栓拧紧力矩为 25 N · m；

8. 半轴固定螺栓拧紧力矩为 20 N · m；

9. 主减速器从动齿轮的紧固螺栓是自锁螺栓，一经拆卸必须更换。

二、工作页

1. 写出驱动桥的拆卸步骤。

2. 写出主减速器、差速器的组装步骤。

3. 写出驱动桥的组装步骤。

三、复习思考题

1. 主减速器或差速器齿轮损坏会产生什么故障现象?

2. 拆卸半轴固定螺栓时,为何要固定另一半轴?

3. 主减速器从动齿轮的紧固螺栓,一经拆卸以后是否需要更换新的紧固螺栓?

4. 简述主减速器、差速器的检修项目。

5. 简述驱动桥组装过程中的注意事项。

实训七 车轮定位的检查与调整

姓名：__________ 班级：__________ 日期：__________

一、实训指导

(一) 实训目标

1. 熟悉车轮定位参数、定位参数的作用及调整位置；
2. 学会使用四轮定位仪诊断车轮定位参数；
3. 学会分析车轮定位参数异常产生原因及排除方法；
4. 学会车轮定位参数的调整。

(二) 安全要求及注意事项

1. 车辆未上四轮定位仪之前，转角盘的固定插销和后滑板的固定插销处于锁定状态；
2. 车辆的前轮应准确地停在举升机转角盘上，否则会影响测量结果；
3. 检查车轮的车轮挡块是否放好，汽车手制动是否放松，换挡杆是否放在空挡；
4. 操作轮夹时，应注意安全，防止卡爪的锐边伤害人体；
5. 目标盘安装要牢靠，并注意目标盘的清洁；
6. 举升机工作时人不能站在汽车底部；
7. 举升机举升到位后必须确保安全锁定机构起作用；
8. 检测过程中，照相机和目标盘之间应无遮挡；
9. 操作设备附近不能放置易燃、易爆液体；
10. 始终佩戴安全镜。

(三) 设备/工具/耗材要求

设备：帕萨特 B5 型乘用车(或其他乘用车)一辆、举升机一台、四轮定位仪一台。

工具：18 mm 开口扳手、21 mm 开口扳手、卷尺、轮胎气压表。

耗材：无。

(四) 实训操作指导

1. 用卷尺检测前轮前束

(1) 测量两前轮前方的宽度。

注意：卷尺不能弯曲、倾斜。

(2)卷尺应紧贴轮胎的纵向沟槽。

(3) 读取数值：1 504.5 mm。

(4) 车轮向前滚动 180°，测量两前轮后方的长度，方法同上。

注意：两次测量位置应尽量相差 180°，如车轮后方读取数值为 1 505.5 mm，则前束值为 1 mm。

2. 用四轮定位仪检测车轮定位

1) 准备、检查主件及配件

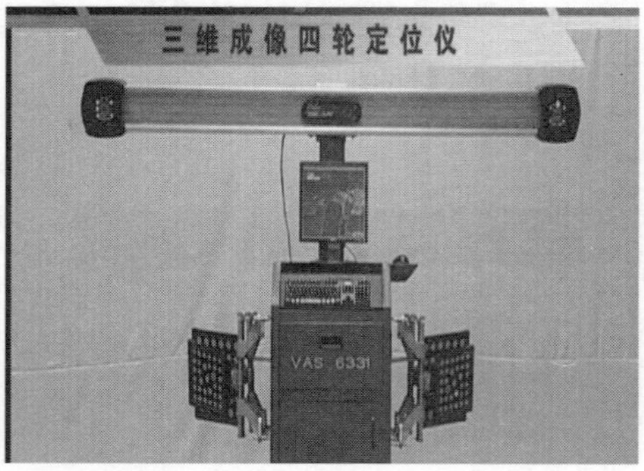

主机及照相机

注意：打开电源后，照相机的灯会闪烁。

转角盘

注意：车辆停好之后才可以取下插销，否则会损坏转角盘。

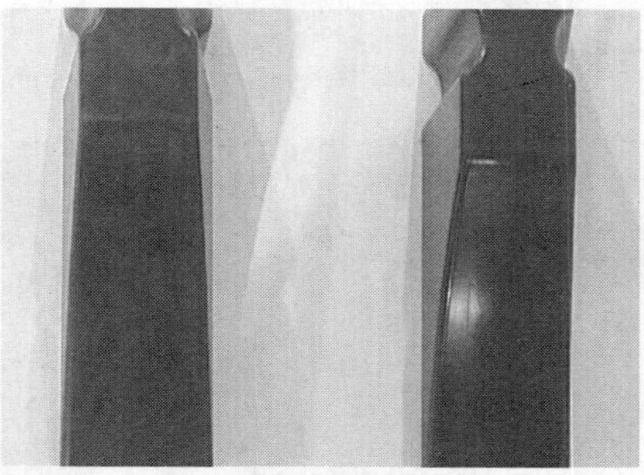
车轮楔

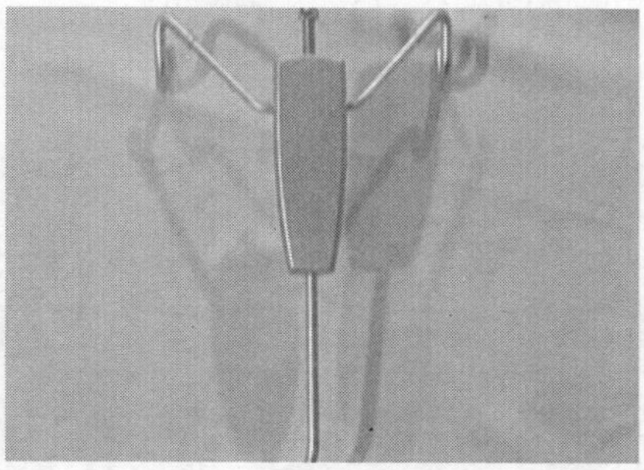
转向盘固定器

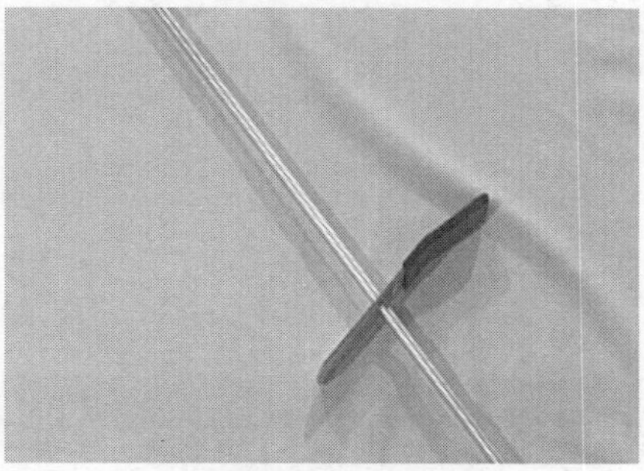
制动踏板下压器

目标盘

2) 使用四轮定位仪检测车轮定位参数

(1) 检测条件

① 所有车轮上必须安装规定的相同尺寸轮胎,轮胎气压要符合规定;

② 车辆空载(备胎、随车工具应在行李箱中);

③ 转向盘自由行程应符合要求;

④ 车轮轴承和轴承间隙正常;

⑤ 检查底盘各个球头应无松旷;

⑥ 车身无明显倾斜。

(2) 准备工作

① 打开定位仪的两个开关,分别位于摄像机电源上和计算机操作控制台后侧。

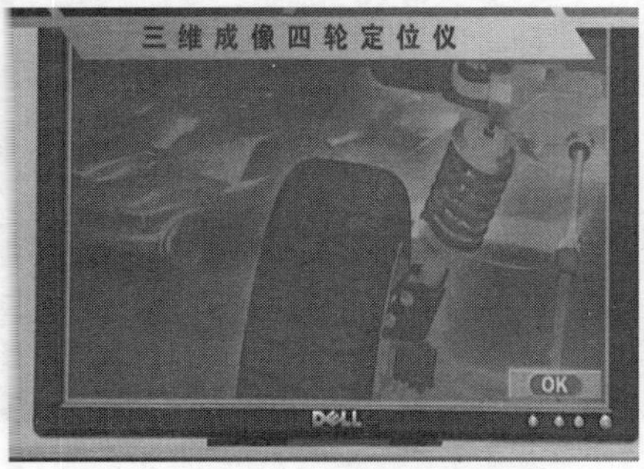

② 将车辆停到四轮定位仪上,并按要求将车辆的前轮准确地停在举升机转角盘上,转角盘的固定插销和后滑板的固定插销处于锁定状态。

③ 用车轮楔固定左后轮或右后轮。

④ 放下驻车制动杆，并使车辆变速器处于空挡。

⑤ 将目标盘夹具安装在车轮上，并检查固定情况。

⑥ 钩上保险钩。

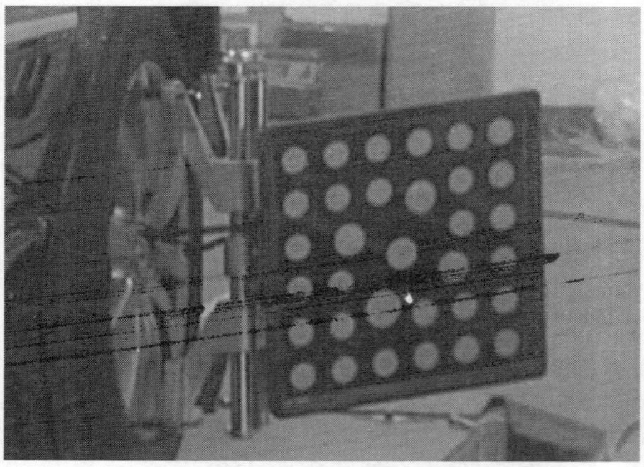

⑦ 两前轮安装小目标盘，两后轮安装大目标盘。

⑧ 升起举升机到工作高度，并自锁。

(3) 四轮定位仪操作步骤

① 点击“OK”键,进入定位主页面。

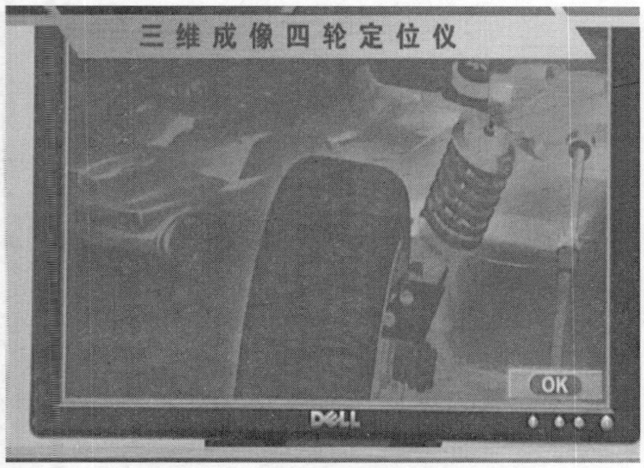

② 鼠标点击运行智能化搜寻图标。

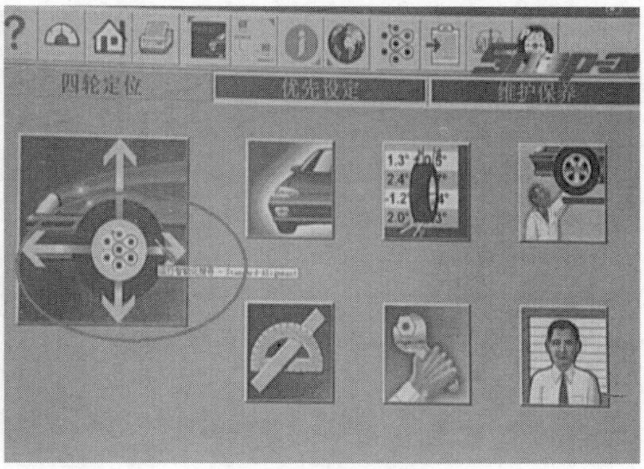

③ 点击 “OK”键,进入车型选择界面。

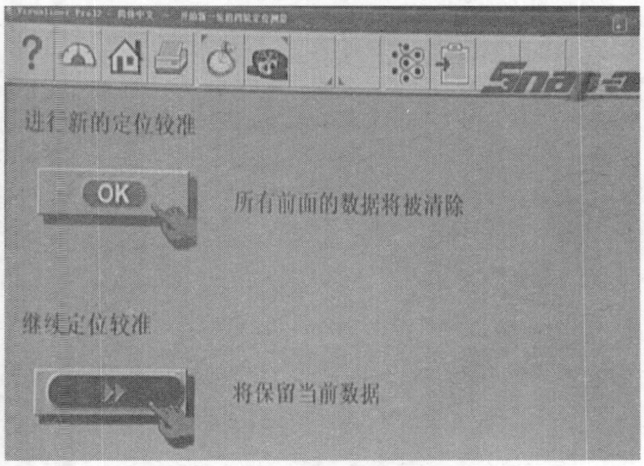

④ 选择车型。

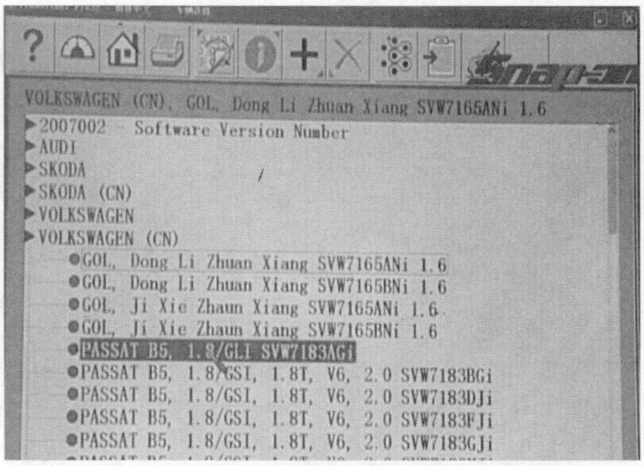

⑤ 出现车辆四轮定位出厂规格表,点击“OK”键,进入下一步。

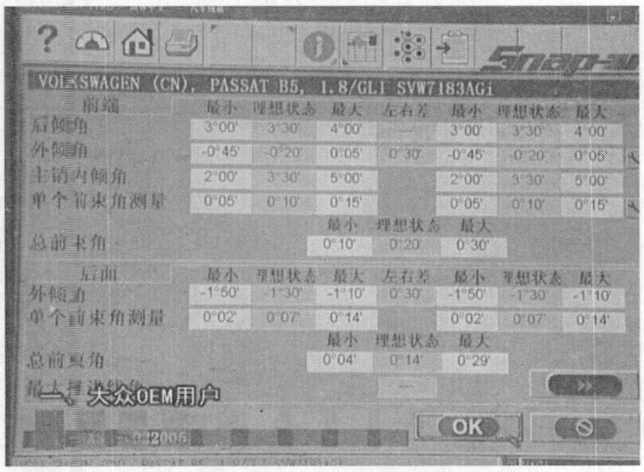

⑥ 出现“用户数据”界面,填写用户信息,点击右下角的“OK”键。

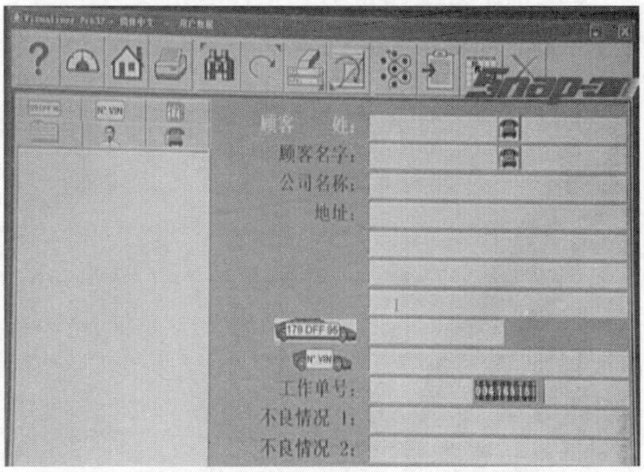

⑦ 出现“定位前检查”界面，检查结束后点击右下角的“OK“键。

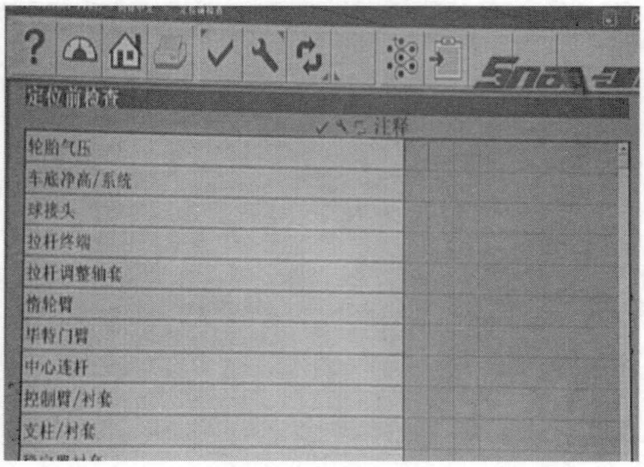

⑧ 进入四轮定位测量，点击“镜头视域图标”，检查目标盘是否在照相机有效视域内。

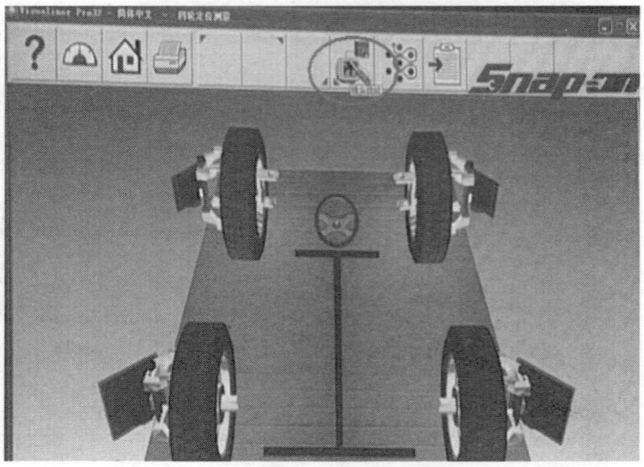

⑨ 此位置符合要求，如果不是，则调整目标盘或调整举升机的高度。

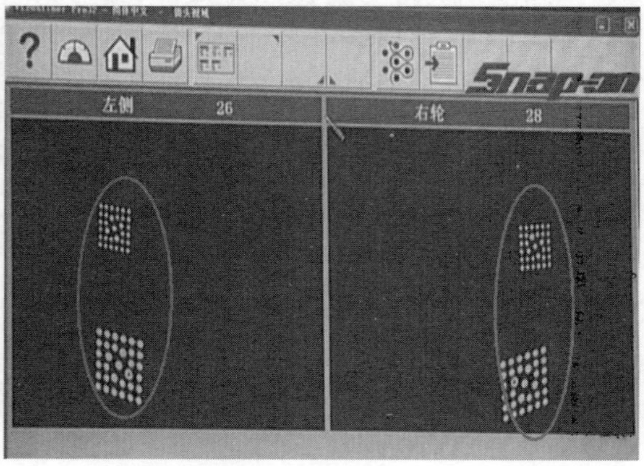

⑩ 当出现向后的箭头时，可以开始推车，使车辆向后移动。

⑪ 当出现此标记时，垫上车轮楔，使车辆处于静止状态。

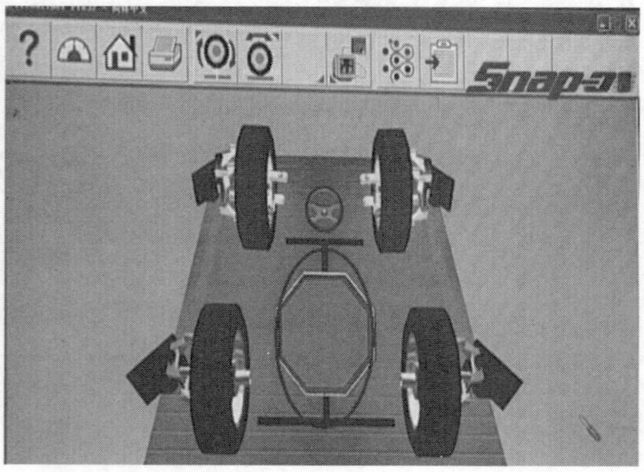

⑫ 当出现向前的箭头时，可以开始推车，使车辆回到初始位置，等待片刻。

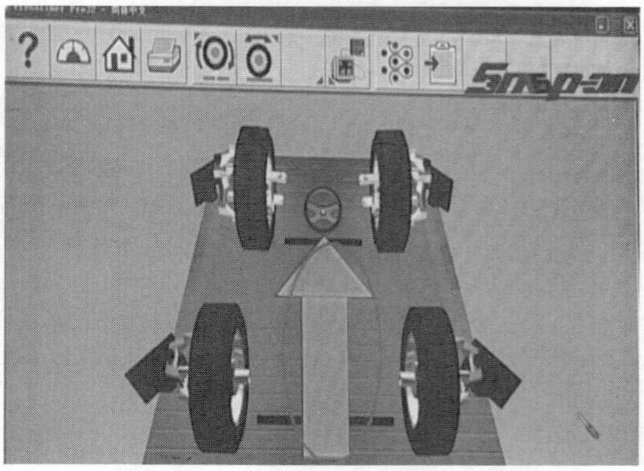

⑬ 根据提示安装制动踏板下压器，确定转角盘插销已移去，松开后滑板。

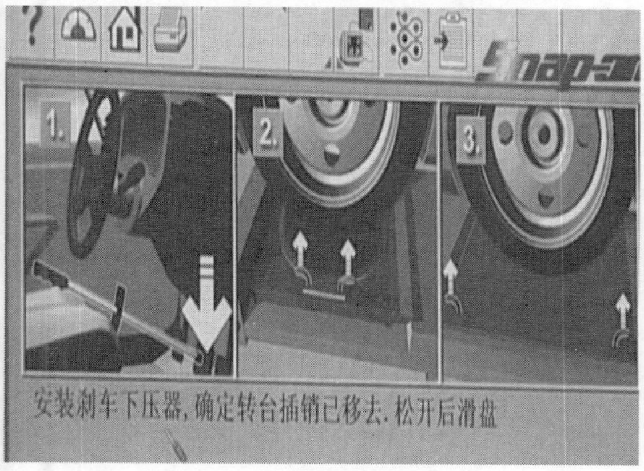

⑭ 安装制动踏板下压器。

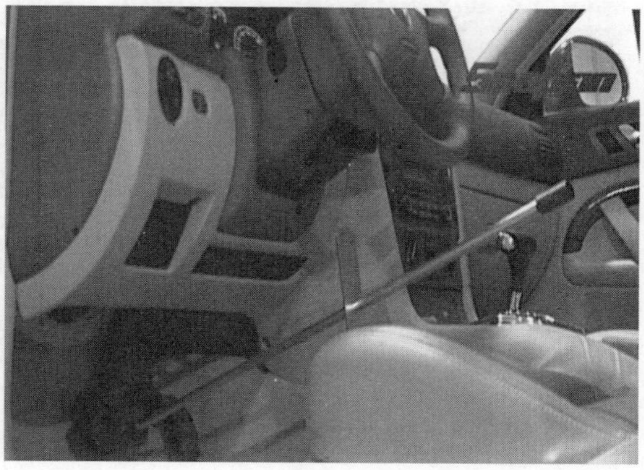

⑮ 测量主销后倾角时，先向左转动转向盘。

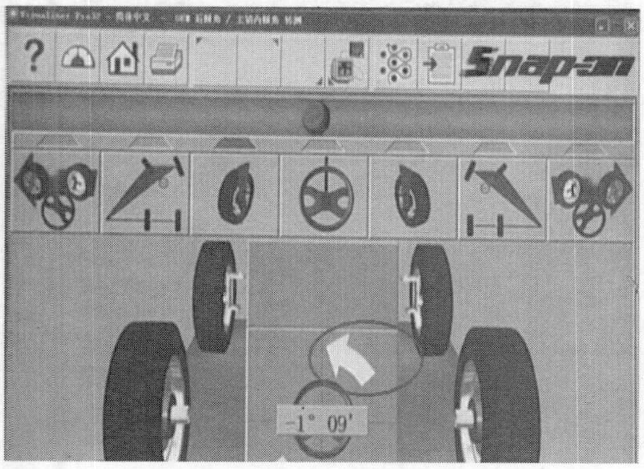

⑯ 随车轮接近测量位置，光标球变黄色，此时需放慢转动速度，当车轮达到正确位置时，光标球变成绿色。

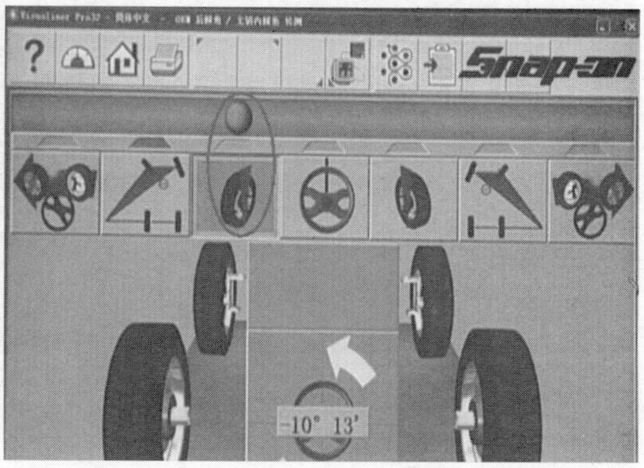

⑰ 以相同的方式测量转向前展角、最大转角。

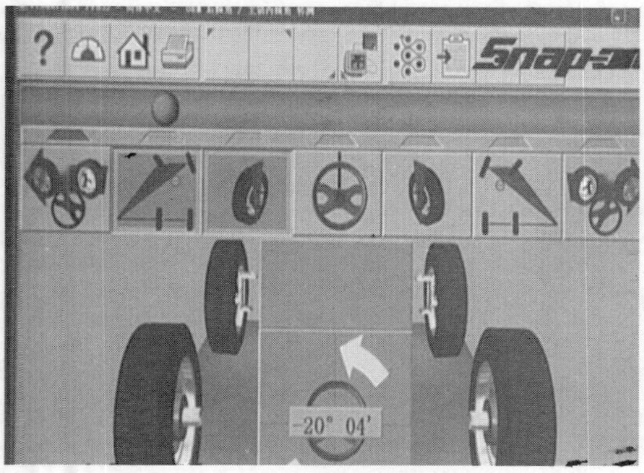

⑱ 往右侧转动方向，此操作屏幕显示的情况与向左转动方向相同。

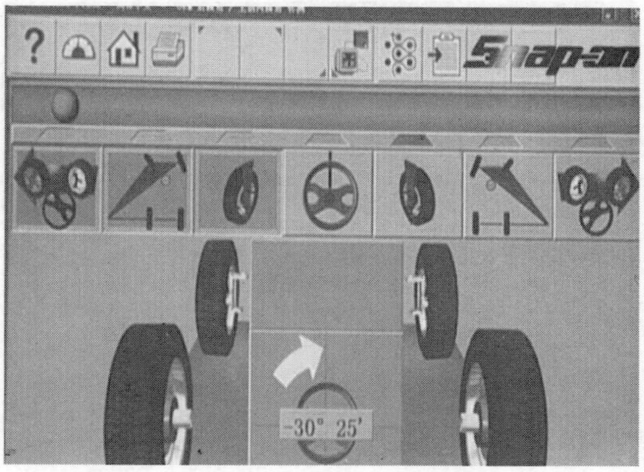

⑲ 当右侧最大转角状态条变成绿色，此时往左侧转动转向盘，使方向回正。

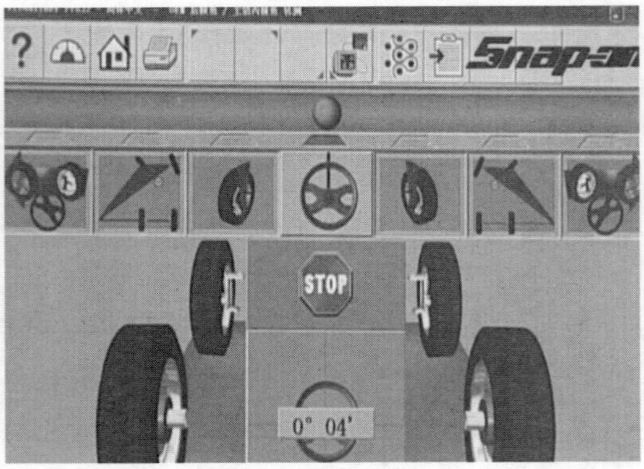

⑳ 向中心转动转向盘直到仪表变绿。

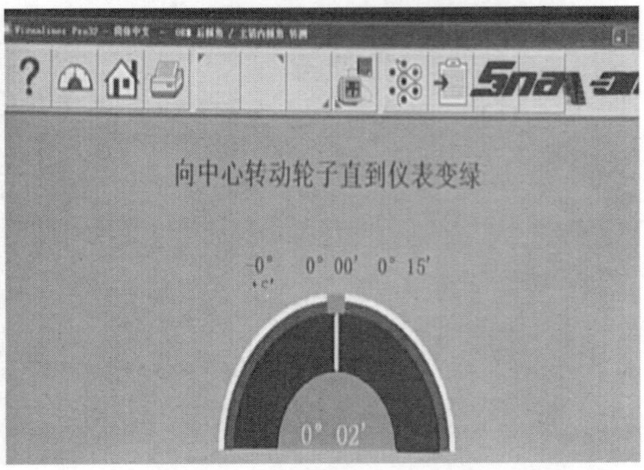

㉑ 屏幕显示所测数据。

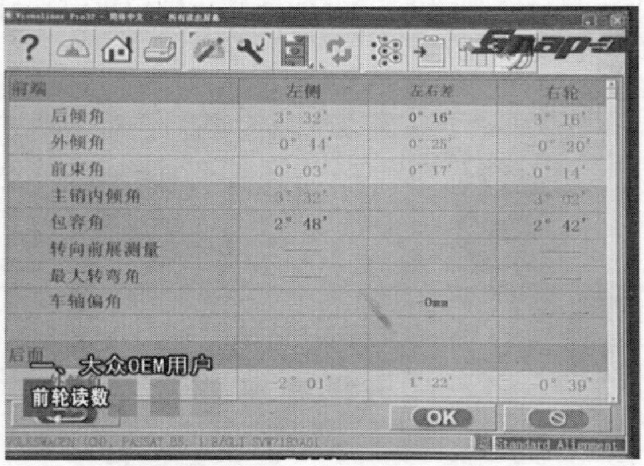

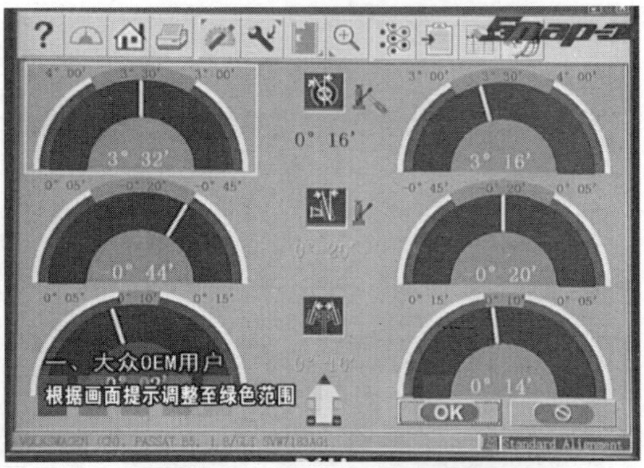

(4) 前束调整

① 松开锁紧螺母。

② 调整前束，使屏幕上显示的前束值在允许范围内。

③ 旋紧锁紧螺母，并注意屏幕上显示的前束值。

(五) 技术要点

1. 调整车轮定位参数顺序：先后轮（外倾角→前束角）再前轮（主销后倾角→外倾角→前束角）。

2. 改变前束角会变动外倾角：由于改变前束角时轮子会依着转向轴转，因此外倾角会变动。后倾角越大，外倾角改变越大。

3. 调整后倾角会改变车轮偏角：当后倾角加大或减小时，由于转向轴上支点会向前或向后移动，转向轴的最下支点（轮胎）也会移动，因此调整后倾角会使前轮向前或向后滑动，使用的转盘也必须具有可前后滑动的功能。

4. 改变外倾角会同时改变内倾角，改变内倾角也会改变外倾角。不同的悬架结构有不同的外倾角调整方法。如果向左右移动上支架点或移动下支架点，则不但外倾角会改变，其内倾角也会跟着变。因此即使外倾角被调到标准了，但由于内倾角发生变化，解决了一个毛病，同时又制造了另一个毛病。

5. 后轮前束角改变会影响前轮单轮前束角：后轮前束角会决定后轮推进线角。现代四轮定位都是采用推进线定位方法来决定前轮前束，因此改变了后轮前束角造成推进线改变，虽然前束没有变化，由于其单轮前束的基准线（推进线）变动了，因此单轮前束也会跟着变动，前轮总前束并没因此而改变。

二、工作页

1. 写出用卷尺检测前轮前束的步骤与注意事项。

2. 用卷尺检测前轮前束值，并填写下表。

卷尺检测前轮前束值

标准值	测量值	分析判断	调整方法

3. 写出用四轮定位仪检测四轮定位参数的步骤。

4. 用四轮定位仪检测四轮定位参数值，并填写下表。

四轮定位仪检测四轮定位参数值

前轮定位参数	左前轮	右前轮	左后轮	右后轮	分析判断	调整方法
左前束值						
右前束值						
总前束值						
外倾角						
主销后倾角						
主销内倾角						

三、复习思考题

1. 什么情况下必须对车辆做四轮定位检测？

2. 做四轮定位检测前，应对车辆检查哪些项目？

3. 简述做四轮定位检测对仪器的要求。

4. 根据下表给出的前轮定位参数故障现象，填表写出调整方法。

前轮定位参数不正确的故障现象与调整方法

<table>
<tr><th>前轮定位参数</th><th>故障原因</th><th>产生的故障现象</th><th>调整方法</th></tr>
<tr><td rowspan="2">前轮前束</td><td>大</td><td>1）行驶中故障现象：
2）轮胎偏磨位置：
3）其他故障现象：</td><td></td></tr>
<tr><td>小</td><td>1）行驶中故障现象：
2）轮胎偏磨位置：
3）其他故障现象：</td><td></td></tr>
<tr><td rowspan="2">前轮外倾角</td><td>大</td><td>1）行驶中故障现象：
2）轮胎偏磨位置：
3）其他故障现象：</td><td></td></tr>
<tr><td>小</td><td>1）行驶中故障现象：
2）轮胎偏磨位置：
3）其他故障现象：</td><td></td></tr>
<tr><td rowspan="2">主销后倾角</td><td>大</td><td>1）行驶中故障现象：
2）轮胎偏磨位置：
3）其他故障现象：</td><td></td></tr>
<tr><td>小</td><td>1）行驶中故障现象：
2）轮胎偏磨位置：
3）其他故障现象：</td><td></td></tr>
<tr><td rowspan="2">主销内倾角</td><td>大</td><td>1）行驶中故障现象：
2）轮胎偏磨位置：
3）其他故障现象：</td><td></td></tr>
<tr><td>小</td><td>1）行驶中故障现象：
2）轮胎偏磨位置：
3）其他故障现象：</td><td></td></tr>
</table>

实训八　车轮与轮胎的拆装与检测

姓名：__________　　班级：__________　　日期：__________

一、实训指导

（一）实训目标

1. 学会拆卸、安装车轮；
2. 学会更换轮胎；
3. 学会使用千斤顶、剥胎机和车轮动平衡仪等设备。

（二）安全要求及注意事项

1. 正确使用举升机、剥胎机、车轮动平衡仪及工量具；
2. 注意用电安全；
3. 在使用动平衡仪做动平衡时，必须放下安全罩，防止意外事故发生；
4. 实训车辆必须由实训老师驾驶。

（三）设备/工具/耗材要求

设备：桑塔纳 GLi 乘用车一辆、举升机一台、剥胎机一个、车轮总成一个、车轮动平衡仪一台。

工量具：随车螺杆式千斤顶、随车轮胎套筒扳手、17 mm 套筒、短接杆、指针扭力扳手、棘轮扳手、可调扭力扳手、气门扳手、轮胎撬杆、胎压表、一字起子、平衡块卡钳、深度游标卡尺或轮胎花纹深度规。

耗材：轮胎装配润滑液、肥皂水、动平衡块。

(四) 实训操作指导

1. 拆卸、安装车轮

1) 行车途中拆装车轮的方法

(1) 将车辆停在水平硬质路面上。

(2) 打开危险警告灯。

(3) 拉好车辆驻车制动。

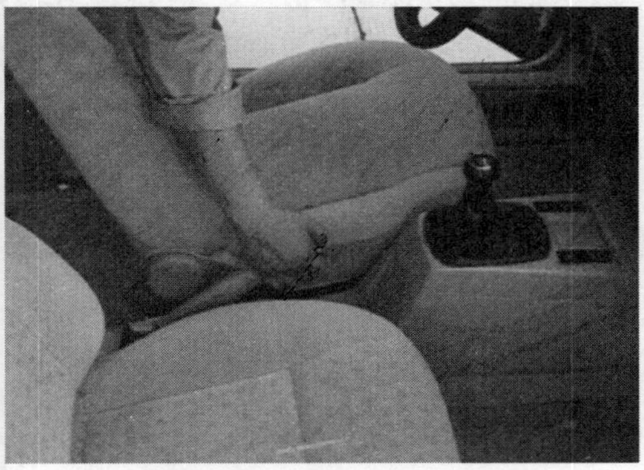

(4) 打开行李箱盖,取出警示牌、随车轮胎套筒扳手和千斤顶。

(5) 放置警示牌

在普通公路上,将三角警示牌放置在车辆后方 50~100 m 处;

在高速公路上,将三角警示牌放置在车辆后方 150 m 处。

(6) 用硬质物体挡住拆卸车轮同侧另一车轮前、后端。

注意：如果找不到硬质物体挡车轮，可以将备胎放于车门底部纵梁下方、不影响千斤顶举升的地方，再使用千斤顶举升车辆，以免在举升时，车辆移动发生危险。

(7) 取下车轮装饰罩。

(8)将随车轮胎套筒扳手套在车轮螺栓上，用脚踩随车轮胎套筒扳手杠杆。

工具：随车一字起子

工具：随车轮胎套筒扳手

(9) 对角逆时针拧松车轮的 4 个固定螺栓。

工具：随车轮胎套筒扳手

(10) 将随车千斤顶放在车辆车门底部的纵梁下。

(11) 转动螺杆使千斤顶支臂上升。

注意：如果车辆停的路面不是硬质路面，需要用较大的硬质物体垫好千斤顶再举升车辆。

(12) 当千斤顶支臂将要和纵梁接触时，确认支撑位置。拆卸前轮时，使支臂支撑在距离前翼子板 10 cm 车门底部的纵梁上；拆卸后轮时，使支臂支撑在距离后翼子板 10 cm 车门底部的纵梁上。确认位置正确后，继续转动螺杆使千斤顶支臂上升举起车辆，直至所需要拆卸的车轮离地。

注意：在举升的过程中千斤顶要处于垂直状态，如果倾斜，车辆举升不稳定，千斤顶会侧倒，可能会发生危险。

(13) 拧下车轮的 4 个固定螺栓。

工具：随车轮胎套筒扳手

(14) 拆下车轮。

2) 行车途中安装车轮的方法

(1) 取出备胎。

(2) 将备胎放在轮毂上，用手旋上 4 个车轮螺栓。

(3) 对角预紧车轮的4个固定螺栓。

工具：随车轮胎套筒扳手

(4) 转动螺杆式千斤顶支臂下降，放下车辆，撤出千斤顶。

工具：螺杆式千斤顶

(5) 对角拧紧车轮螺栓，直至旋不动为止。

工具：随车轮胎套筒扳手

(6) 将随车轮胎套筒扳手套在车轮螺栓上，用脚踩随车轮胎套筒扳手杠杆，对角顺时针拧紧车轮的4个固定螺栓。

工具：随车轮胎套筒扳手

(7) 安装车轮装饰罩。

(8) 将随车轮胎套筒扳手、千斤顶整理好。

(9) 撤走挡住拆卸车轮同侧另一车轮前、后端的硬质物体。

(10) 收起警示牌。

(11) 将随车轮胎套筒扳手、千斤顶和警示牌放回行李箱。

(12) 关好行李箱盖,车轮安装完毕。

3) 在维修车间拆装车轮

(1) 车轮落地时,取下车轮装饰罩。

工具:一字起子

(2) 对角拧松车轮的 4 个固定螺栓。

工具:17 mm 套筒、短接杆、扭力扳手

(3) 将举升机的 4 个举升支臂置于车辆规定的顶起位置下方，一般在车门底部纵梁距前后翼子板 10 cm 的位置。

(4) 按动举升机的举升按钮，使举升机支臂上升，为确保举升安全，当举升支臂刚接触车辆支撑位置时，检查顶起位置是否正确。

(5) 确认位置正确后，继续按动举升按钮使举升机支臂上升。当车轮离开地面 10cm 左右时，用手晃动车身，检查车辆是否摇晃。若无晃动，继续举升车辆；若有晃动，则应将车放下，重新调整顶起位置。

(6) 为了使维修人员操纵方便，一般使车轮离地 1 m 左右，与维修人员的腰部平齐。

注意：车辆举升到位后，锁止举升臂。

(7) 拧下 4 个车轮固定螺栓。

工具：17 mm 套筒、棘轮扳手

(8) 双手托住轮胎取下车轮，放在小推车上，车轮拆卸完毕。

4) 在维修车间安装车轮

(1) 双手托住轮胎，将车轮放在轮毂上，轮辋辐板上的螺栓孔与轮毂螺纹孔对齐。

(2) 用手拧上 4 个车轮螺栓。

(3) 对角预紧 4 个螺栓。

工具：17 mm 套筒

(4) 下降车辆，使车轮着地，分 2～3 次将 4 个车轮螺栓对角拧紧，拧紧力矩为 110 N·m。

工具：17 mm 套筒、可调扭力扳手

(5) 安装车轮装饰罩。

(6) 撤去举升支臂。

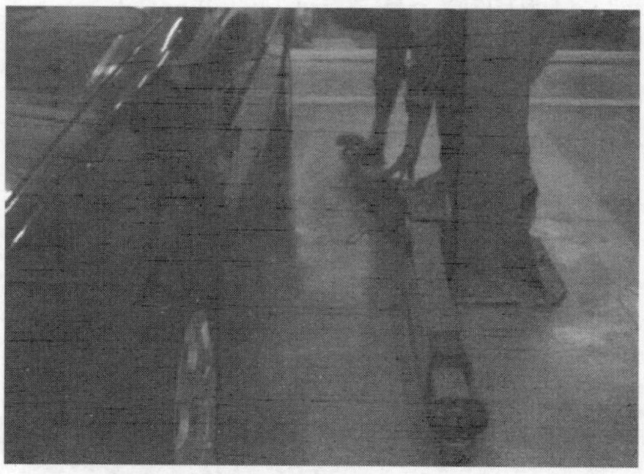

2. 轮胎的检查

(1) 检查轮胎表面有无裂纹、异常磨损,有无金属及石块等嵌入物。如果有异常磨损,根据磨损情况查找原因,排除故障;如异常磨损严重则需要更换轮胎;如果有金属及石块嵌入物,应及时清除。

(2) 使用深度游标卡尺或轮胎花纹深度规测量轮胎花纹深度,如果轮胎花纹深度小于1.6 mm,则需要更换轮胎。

工具:深度游标卡尺或轮胎花纹深度规

3. 分解、装配轮胎

1) 使用剥胎机拆卸轮胎

(1) 接通剥胎机电源。

(2) 打开压缩空气阀门。

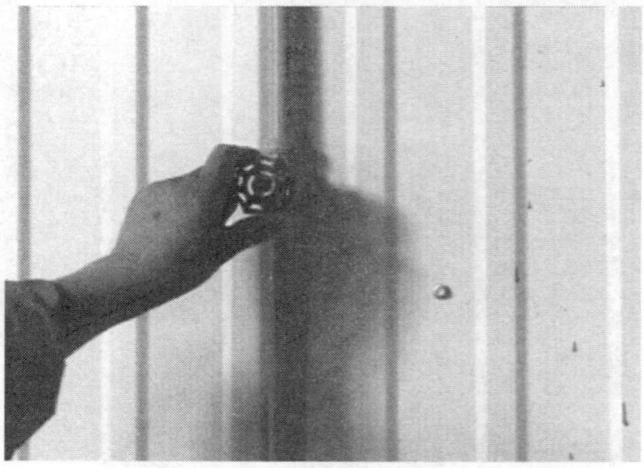

(3) 用手旋下轮胎气门嘴的防尘罩。

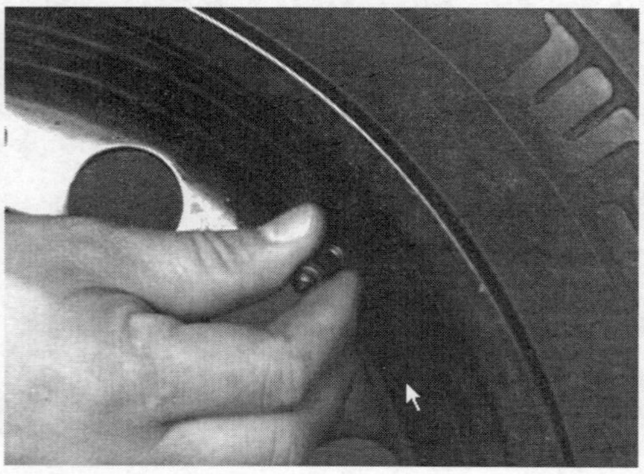

(4) 旋下气门芯,放掉轮胎内的压缩空气。

工具:气门扳手

(5) 待轮胎内的空气排放殆尽后,使用平衡块卡钳取下安装于轮辋边沿的平衡块。

工具:平衡块卡钳

(6) 将车轮的一侧贴于剥胎机的靠胎胶皮上。

(7) 调整车轮位置,使风压铲置于轮胎胎圈和轮辋边缘之间。

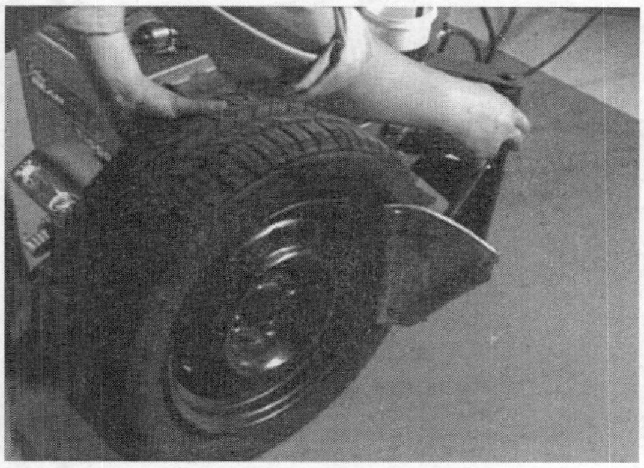

(8) 一手扶住手柄,使风压铲的位置保持不变,一手扶住轮胎,用脚踩住风压铲踏板,风压铲收缩,压下胎圈,使胎圈和轮辋分离。

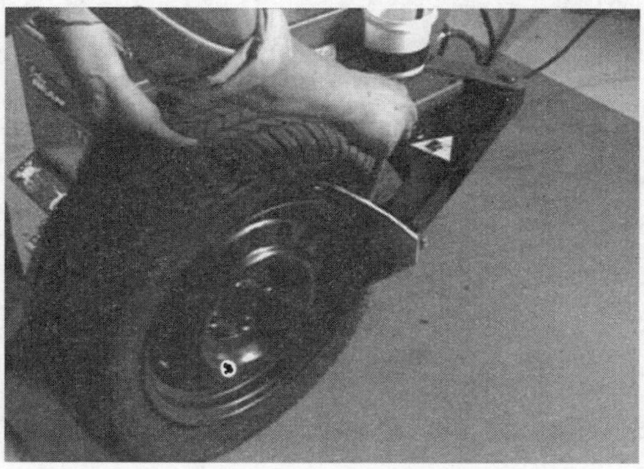

(9) 松开风压铲踏板,使风压铲放开。

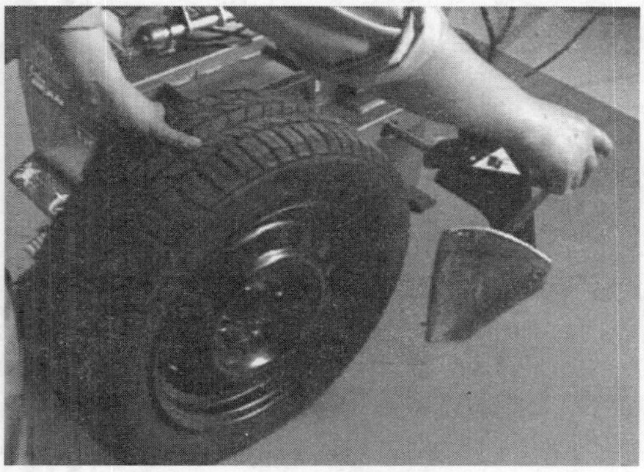

(10) 一边转动车轮,一边用脚踩住,松开压缩踏板,使轮胎一侧的胎圈和轮辋完全分离。

(11) 由于有些车辆在轮辋内侧,气门嘴附近安装了轮胎压力传感器,为了养成良好习惯,避免用剥胎机风压铲压胎圈时压坏胎压传感器,所以在操作时禁止压气门嘴附近的胎圈,一般气门嘴一侧风压铲压胎圈的位置均分 3 个位置,压点位置偏离气门嘴。

(12) 将车轮反一面,调整车轮位置,使风压铲置于轮胎胎圈和轮辋边缘之间。

(13) 一边转动车轮,一边用脚踩住、松开压缩踏板,使轮胎另一侧胎圈和轮辋完全分离。

(14) 将车轮放到转盘上。

(15) 双手扶住轮胎,用脚踩一下夹钳踏板将轮辋固定。

(16) 在轮胎上侧胎圈上涂抹适量的轮胎装配润滑液,这样可减轻鸟嘴头与轮胎胎圈的摩擦,避免损伤轮胎。

(17) 用剥胎导向杆压住轮辋的边缘,导向杆鸟嘴凹槽和轮辋边缘贴合。

(18) 锁紧导向杆。

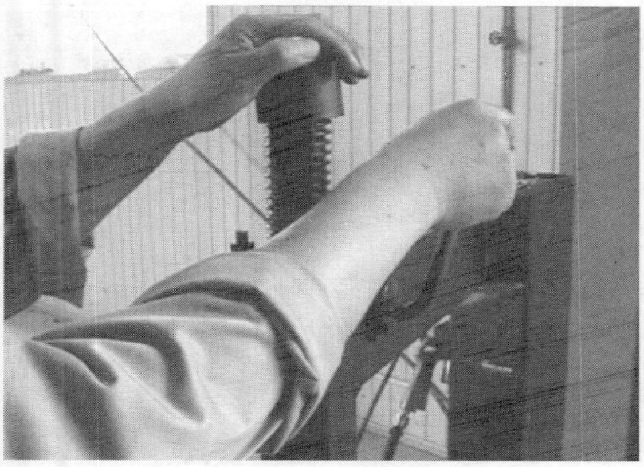

(19) 用轮胎撬杆带钩的一头,插入轮胎与轮辋之间。

工具：轮胎撬杆

(20) 将轮胎上圈撬入导向杆鸟嘴头上,用力压住撬杆。

工具：轮胎撬杆

(21) 用脚踩旋转踏板,使车轮顺时针旋转一圈,两手配合,将轮胎的一面和轮辋分离。

(22) 用撬杆沿着轮胎下端面插入轮辋和轮胎之间。

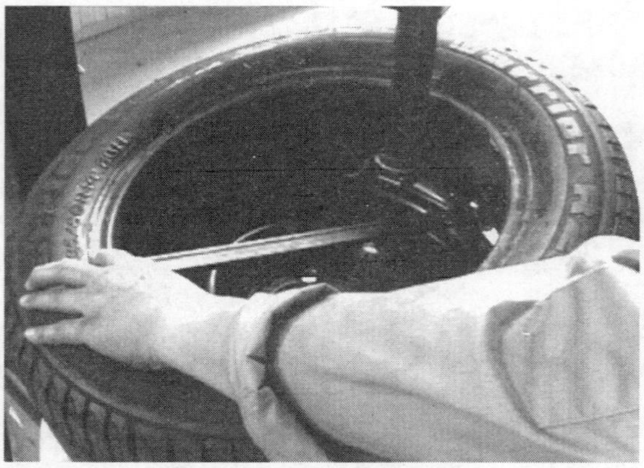

工具：轮胎撬杆

(23) 将轮胎一面抬高，用撬杆将轮胎下圈撬入导向杆鸟嘴头上，用力压住撬杆。

工具：轮胎撬杆

(24) 用脚踩旋转踏板，使车轮逆时针旋转一圈，两手配合将轮胎的另一面和轮辋分离。

(25) 移开导向杆，取下轮胎。

(26) 用脚踩一下夹钳踏板，使夹钳松开，取下轮辋，轮胎拆卸完毕。

2）使用剥胎机安装轮胎

（1）将轮辋放到车轮转盘上，双手扶住轮辋，用脚踩一下夹钳踏板，将轮辋固定。

（2）在轮胎胎圈一侧涂抹轮胎装配润滑液。

（3）将涂抹轮胎装配润滑液的侧向下放在轮辋上。

（4）用剥胎导向杆压住轮辋的边缘。

（5）将导向杆鸟嘴头部前方的轮胎下边缘压入轮辋，同时将轮辋下边缘放于鸭尾上。

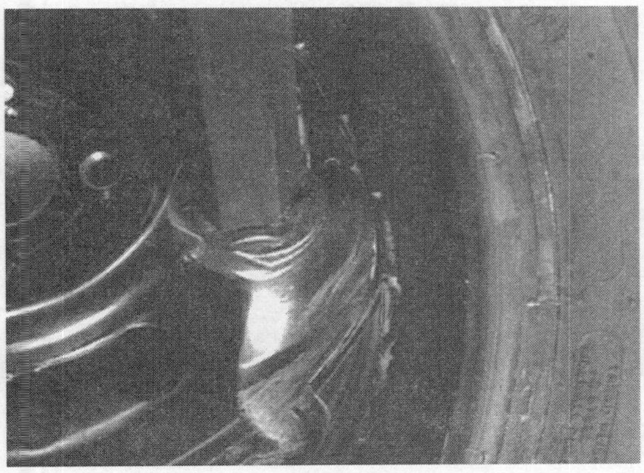

（6）两手将轮胎下压。

（7）用脚踩旋转踏板，使车轮顺时针旋转一圈，将轮胎下圈导入轮辋内。

（8）在轮胎上侧胎圈上涂抹适量的轮胎装配润滑液。

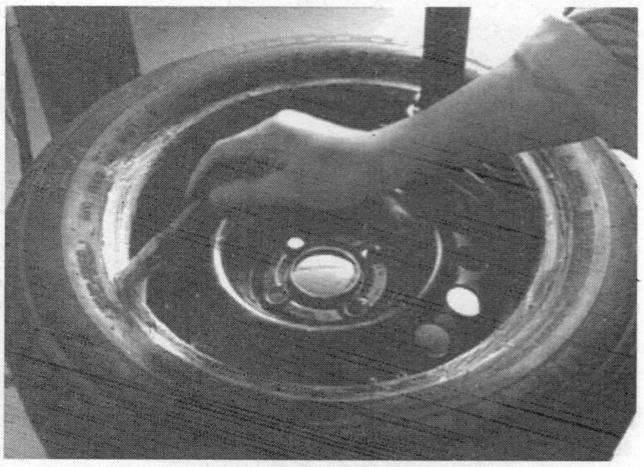

（9）使用撬杆将导向杆鸟嘴头部前方的轮胎上边缘压入轮辋，同时将轮辋上边缘放于鸟尾上。

工具：轮胎撬杆

（10）用脚踩旋转踏板，使车轮顺时针旋转一圈，将轮胎上圈导入轮辋内。

（11）移开导向杆。

（12）用胎压表充气，充到轮胎胎圈和轮辋完全贴合为止。

工具：胎压表

(13) 旋上气门芯。

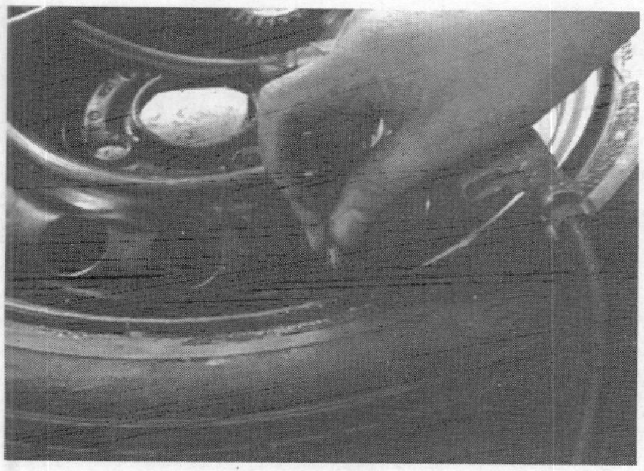

工具：气门扳手

(14) 将轮胎气压充至 180 kPa。

工具：胎压表

(15) 用肥皂水检查气门嘴是否漏气，如果气门嘴冒出气泡，表示气门嘴漏气，应拆下气门嘴检查。

(16) 旋上气门嘴防尘罩。

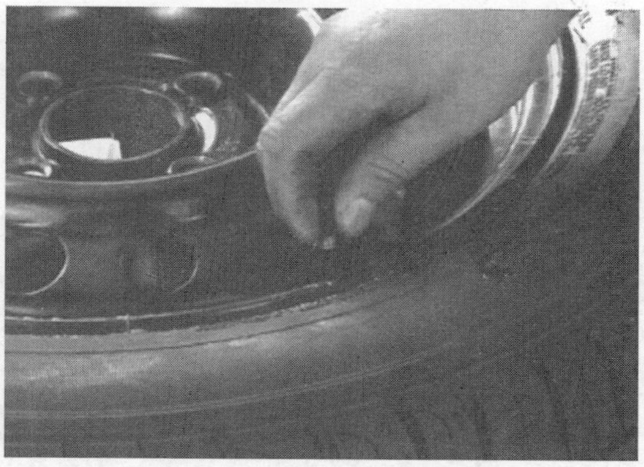

(17) 用脚踩一下夹钳踏板，将轮辋在固定架上松开，取下车轮。

(18) 断开剥胎机电源。

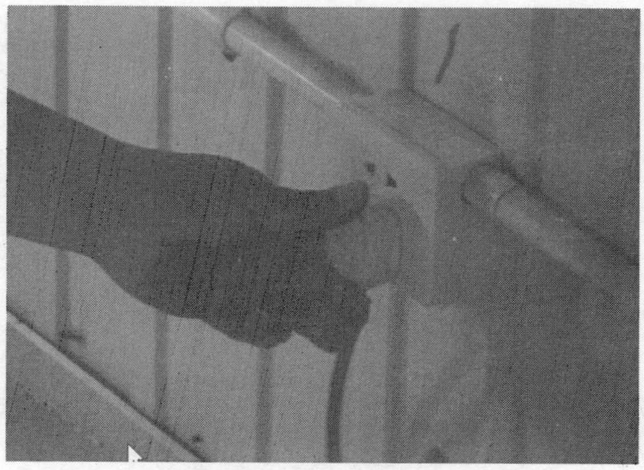

(19) 关闭压缩空气阀门。

(20) 轮胎安装完毕。

4. 车轮动平衡检测与校正

(1) 清除轮胎上的石子等异物。

(2) 接好动平衡仪电源,打开位于背面的电源开关。

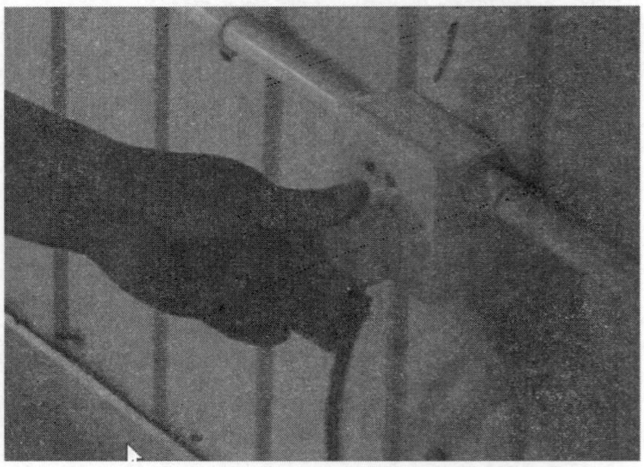

(3) 选择与轮辋中心孔匹配的轴心定位锥体。

(4) 将定位锥体安装到旋转轴上。

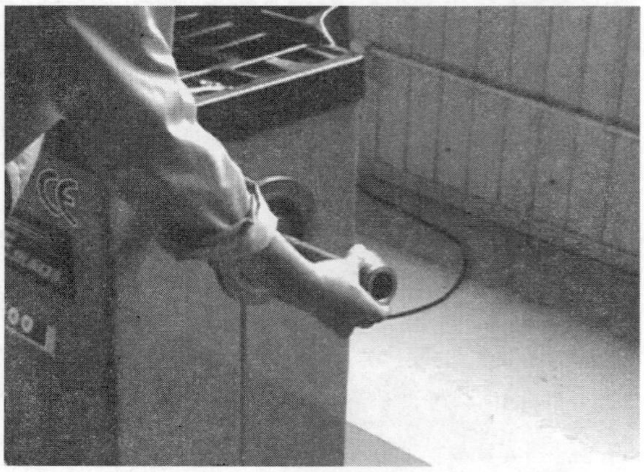

(5) 将被测轮胎搬上动平衡仪旋转轴。

(6) 快速锁紧螺母，使车轮固定在旋转轴上。

(7) 推转车轮，检查车轮是否被锁紧。

(8) 用拉尺测量安装动平衡块处的轮辋至平衡仪箱体的距离 a，图中测出该轮胎 $a=6$ cm。

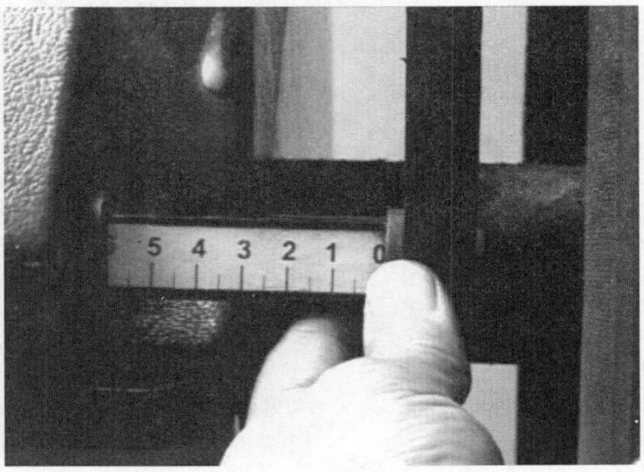

(9) 按动操作面板上 a 的上下键按钮，将 a 数值输入平衡仪控制器。

(10) 用平衡仪随机配备的专用卡尺，测量安装动平衡块处轮辋对边宽度 b，图中测出该轮胎 b=7 inch。

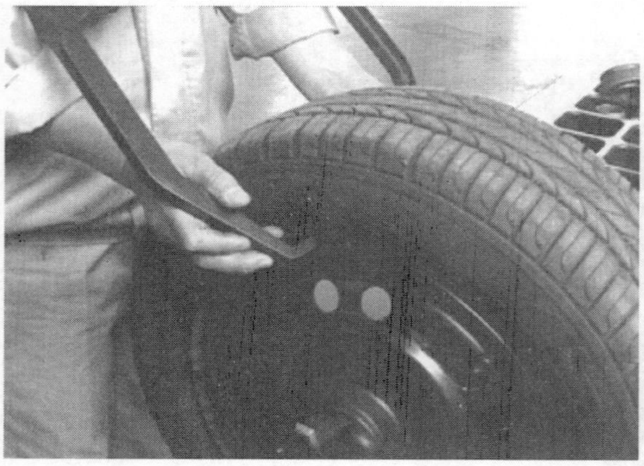

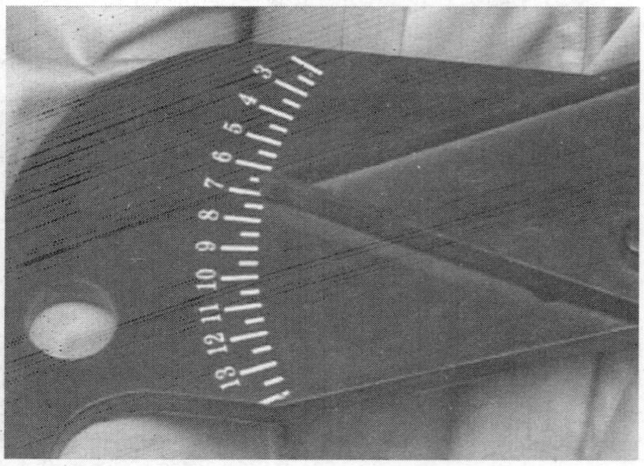

(11) 在轮胎上读出轮辋直径 d，该轮胎轮辋直径 d=14 inch。

(12) 按动操作面板上 d 的上下键按钮，将 d 数值输入平衡仪控制器。

(13) 用手轻轻推转轮胎。

(14) 按动“start”运转开关，平衡仪起动运转，如果有轮胎保护罩，放下轮胎保护罩，平衡仪起动运转。

注意：如果动平衡仪没有防护罩，在车轮运转前必须保证车轮的前后方没有人，才可以按动“start”启动按钮，以防止轮胎上的动平衡块飞出伤害人。

(15) 7 s 后，机器自动停止，此时操作面板显示器上的数据为车轮的不平衡量，车轮的不平衡量超过 5 g，必须校正。

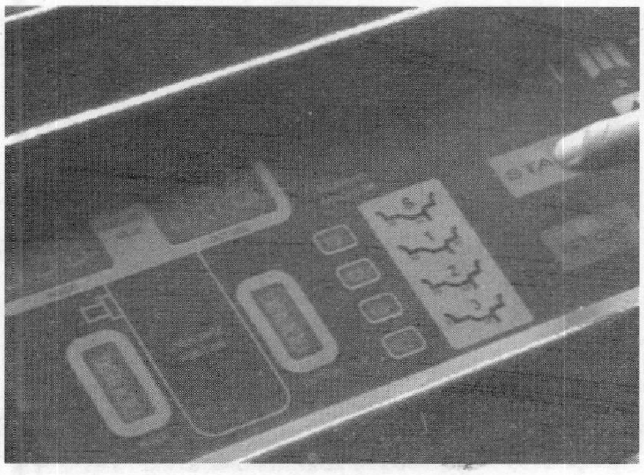

(16) 慢慢推转车轮,使左侧显示灯全亮。

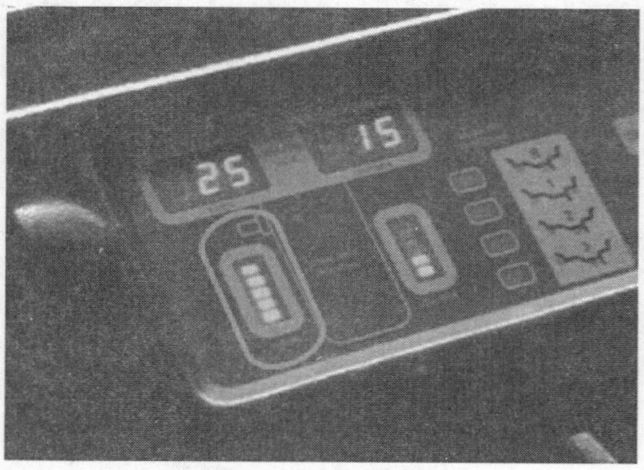

(17) 在左侧显示灯全亮的情况下,在轮辋内侧最高点位置安装左侧显示器显示的平衡块重量25 g。

(18) 继续慢慢推转车轮,使右侧显示灯全亮。

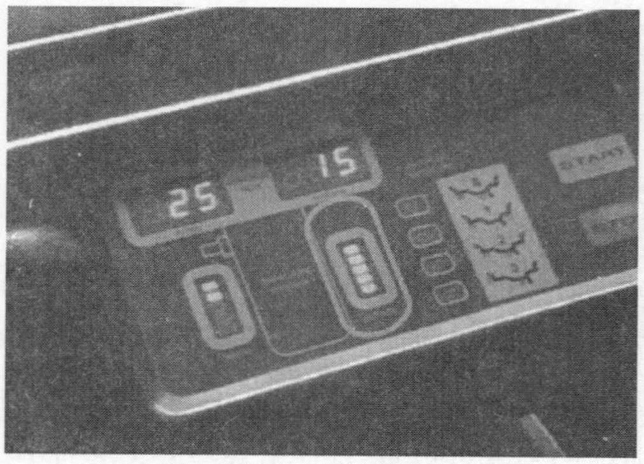

(19) 在右侧显示灯全亮的情况下,在轮辋外侧最高点位置安装上右侧显示器显示的的平衡块重量15 g。

(20) 再次用手轻推轮胎,按动“start”运转开关,使平衡仪运转。

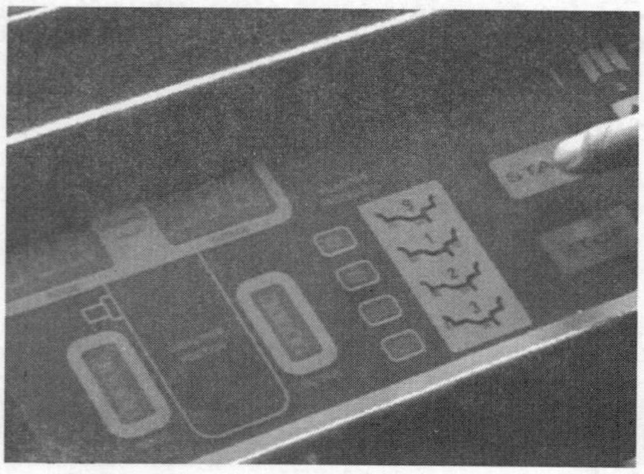

(21) 待机器停止后,观察显示器上的读数。如果还有不平衡量,按上述方法继续校正,直至显示器显示“00”为止。

注意:内外侧平衡块的数量不能超过3个,否则应更换轮辋。

(22) 把校正好的轮胎取下。

(23) 关闭开关，切断电源。

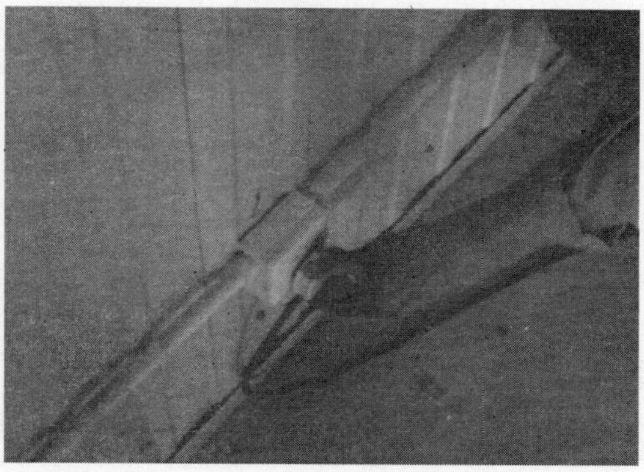

(五) 技术要点

1. 使用千斤顶举升车辆时，应拉好驻车制动，在举升前用硬质物体垫住同侧不拆卸车轮的前后端；在举升的过程中千斤顶要处于垂直状态，以防止车辆倾斜发生危险。

2. 使用举升机举升车辆时，确保举升支臂支撑在车辆举升位置上，以防止举升位置不正确而损坏车辆底板。

3. 使用举升机举升车辆时，车辆举升到位后，一定要锁止举升臂，以防止车辆下降时发生危险。

4. 车轮螺栓的拧紧力矩为 110 N·m，车轮螺栓应分 2～3 次对角旋紧，以确保 4 个螺栓受力均匀，避免螺栓断裂。

5. 在使用剥胎机拆装轮胎时，在安装轮胎前，应在轮胎胎圈两侧涂抹轮胎装配润滑液润滑，以方便安装。

6. 桑塔纳 GLi 乘用车轮胎充气压力为 180 kPa。

7. 车轮在做动平衡时，内外侧平衡块的数量不能超过 3 个，否则应更换轮辋。

二、工作页

1. 写出行车途中更换轮胎的步骤。

2. 写出车轮动平衡检测的步骤。

3. 用车轮动平衡仪测量，将有关数据填入下表。

距离 a/cm	轮辋宽度 b/inch	轮辋直径 d/inch	左侧不平衡量/g	右侧不平衡量/g

三、复习思考题

1. 行驶途中更换某个轮胎，为什么要用备胎放于该轮胎侧的车门底部纵梁下方？

2. 简要说明千斤顶的使用注意事项。

3. 简述行车途中更换轮胎的注意事项。

4. 在对车轮进行动平衡试验时，需要对车轮测量哪几个数据？

5. 为何在操作剥胎机时禁止用风压铲压气门嘴附近的胎圈？

6. 简述轮胎检查的项目。

实训九　悬架的拆装与检修

姓名：__________　　班级：__________　　日期：__________

一、实训指导

(一) 实训目标

1. 熟悉悬架的类型、组成和结构；
2. 学会拆卸、安装悬架；
3. 学会检验悬架机械、液压零部件的技术状态；
4. 了解悬架主要总成、零件失效可能产生的故障现象及排除方法。

(二) 安全要求及注意事项

1. 正确使用举升机及工具；
2. 铁丝固定制动钳时，固定要良好，不要损坏制动软管；
3. 旋下减振器活塞杆的螺母时，应先用手托住悬架，防止总成落地伤人；
4. 用减振器专用拉具压缩螺旋弹簧时，应注意减振器专用拉具安装到位，人不能站在减振器对面。

(三) 设备/工具/耗材要求

设备：桑塔纳 GLi 乘用车一辆、悬架总成一套、举升机一台。

工具：13 mm 套筒、30 mm 套筒、17 mm 套筒扳手、开槽套筒、7 mm 内六角扳手、17 mm 梅花扳手、10 mm 开口扳手、11 mm 开口扳手、14 mm 开口扳手、17 mm 开口扳手、22 mm 开口扳手、可调扭力扳手、活络扳手、指针扭力扳手、棘轮扳手、专用拉马、撬杆、前减振器专用工具、后减振器专用工具、减振器专用拉具、管子钳、千斤顶、短接杆、一字起子、螺旋弹簧压紧器、专用压具。

耗材：铁丝。

(四) 实训操作指导

1. 悬架的拆卸

1) 拆卸前螺旋弹簧和减振器总成

（1）在车轮落地的情况下，取下装饰盖。

工具：一字起子

（2）拧松轮毂与传动轴的紧固螺母。

工具：指针扭力扳手、30 mm 套筒

（3）对角拧松车轮紧固螺栓。

工具：17 mm 套筒扳手

（4）将车举起，使车轮离地 1 m 左右（一般与维修人员的腰平齐），旋下车轮螺栓，拆下车轮。

注意：车辆举升到位锁止举升支臂。

（5）旋下轮毂与传动轴的紧固螺母。

工具：30 mm 套筒、短接杆、棘轮轮扳手

（6）拆下保持弹簧。

工具：一字起子

(7) 拧松制动钳紧固螺栓,取下螺栓。

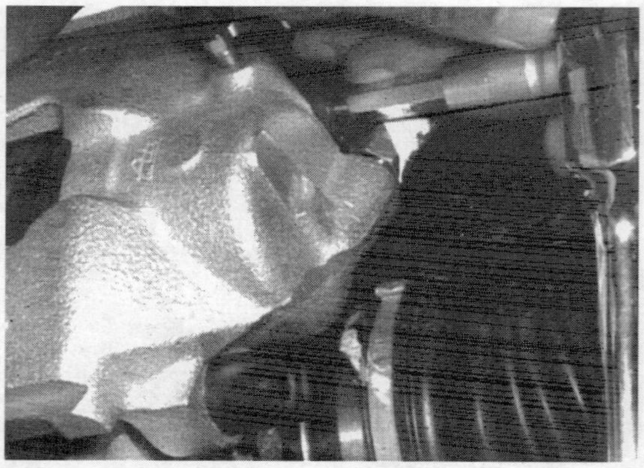

工具：7 mm 内六角扳手、棘轮扳手

(8) 将制动钳钳体从制动盘上取下。

(9) 取下摩擦片。

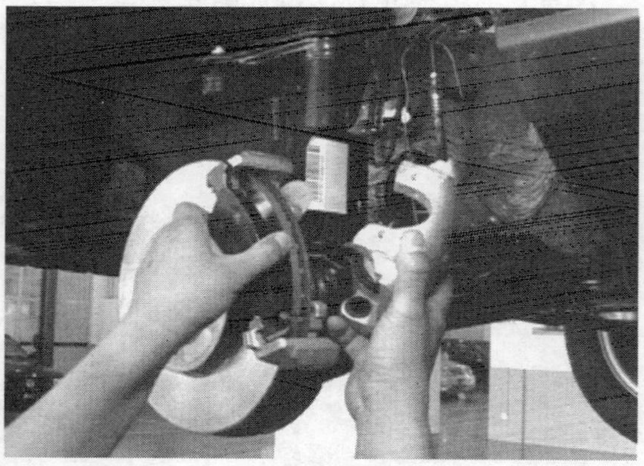

(10) 用铁丝将制动钳固定在车身上。

注意：不要损坏制动软管。

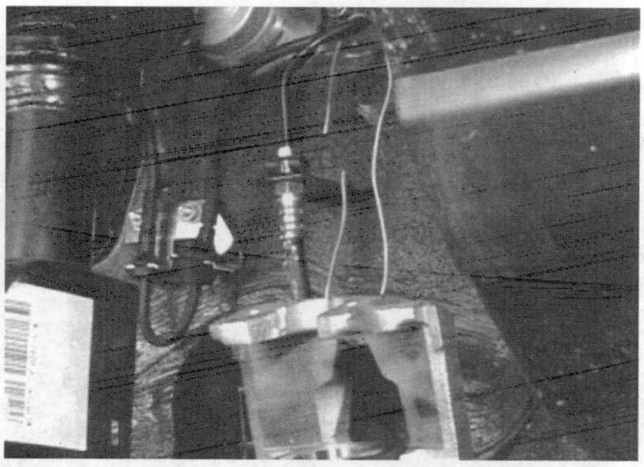

耗材：铁丝

(11) 固定下摇臂球头销螺栓一端,拧下下摇臂球头销紧固螺母。

工具：17 mm 梅花扳手、17 mm 套筒、短接杆、棘轮扳手

(12) 取下螺母,拔出螺栓。

(13) 用专用拉马顶住转向横拉杆接头下端，防止球头销跟转。

工具：专用拉马

(14) 拧下转向横拉杆球头销的紧固螺母。

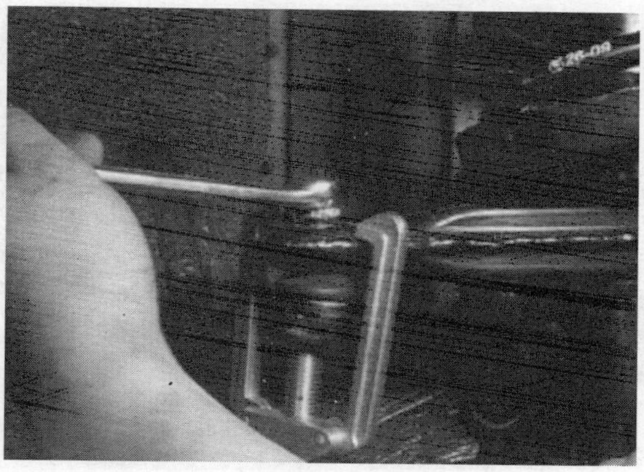

工具：17 mm 梅花扳手

(15) 拆下专用拉马，向下拉出转向横拉杆接头。

(16) 拧松横向稳定杆与下摇臂连接螺栓的紧固螺母。

工具：13 mm 套筒、棘轮扳手

(17) 向下压前悬架下摇臂，使下摇臂球头与减振器下支架分离。

工具　撬杆

(18) 拉制动底板，将外传动轴从车轮轴承壳内拉出。

(19) 将车辆下降,降至未拆卸车轮刚刚着地为止。

(20) 打开发动机盖。

(21) 一人托住减振器支柱下部。

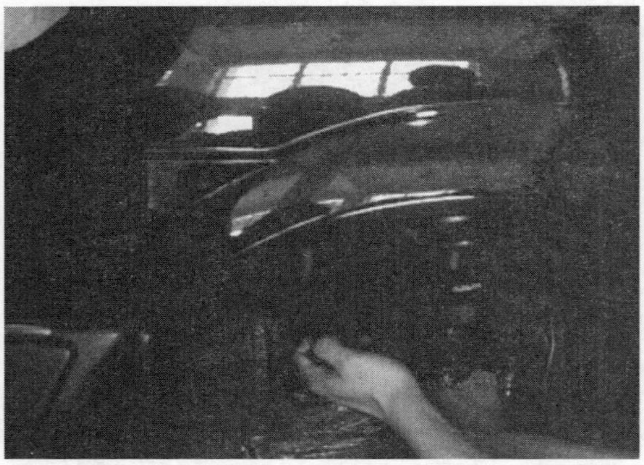

(22) 一人将专用工具内六角扳手放入减振器活塞杆上的内六角孔中。

工具:前减振器专用工具

(23) 专用工具的套筒套于减振器活塞杆的螺母上。

工具:前减振器专用工具

(24) 用手扶住专用工具内六角扳手延伸杆,以固定减振器活塞杆,另一只手用活络扳手,拧专用工具套筒上部六角部分。

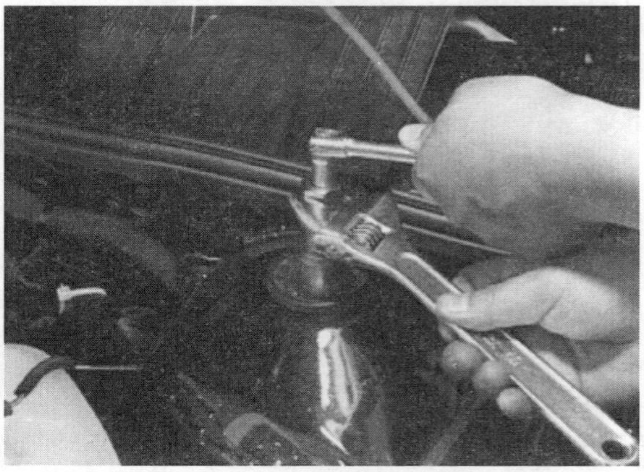

工具:前减振器专用工具、活络扳手

(25) 旋下减振器活塞杆的螺母。

(26) 拆下前螺旋弹簧和减振器总成。

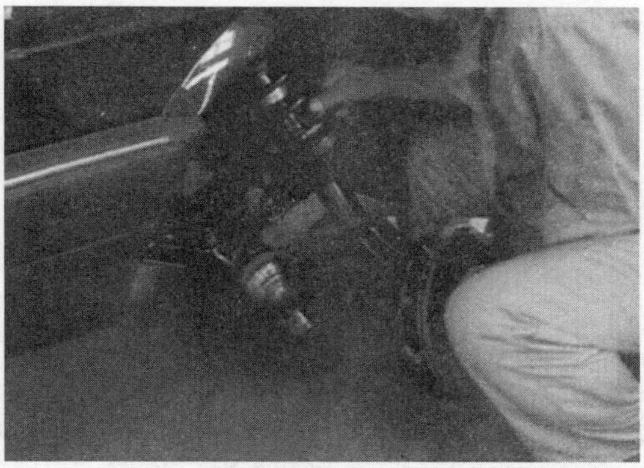

2) 分解螺旋弹簧和减振器总成

(1) 用螺旋弹簧压紧器压缩螺旋弹簧,直至螺旋弹簧上座可以晃动。

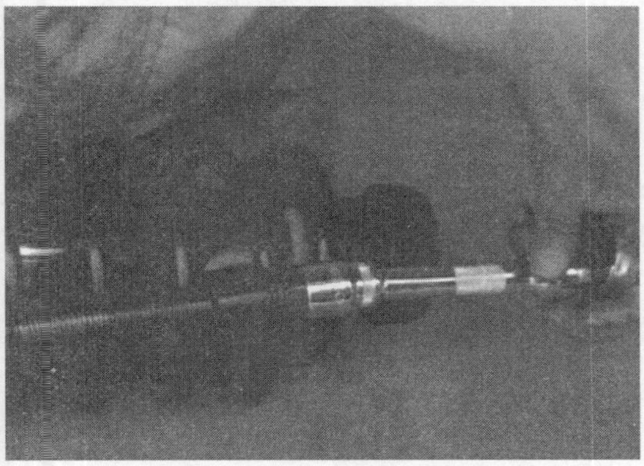

工具：螺旋弹簧压紧器

(2) 将专用开槽套筒装在减振器开槽螺母上。

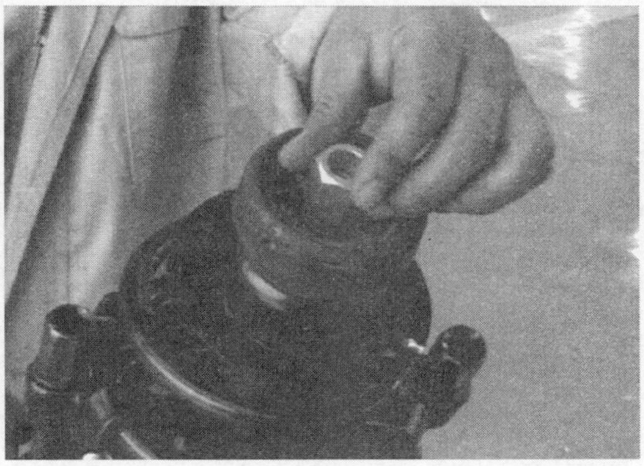

工具：螺旋弹簧压紧器

(3) 固定活塞杆。

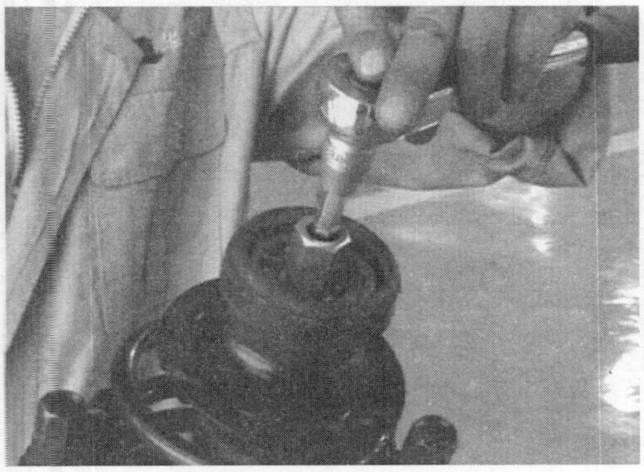

工具：7 mm 内六角扳手

(4) 转动开槽套筒旋下开槽螺母。

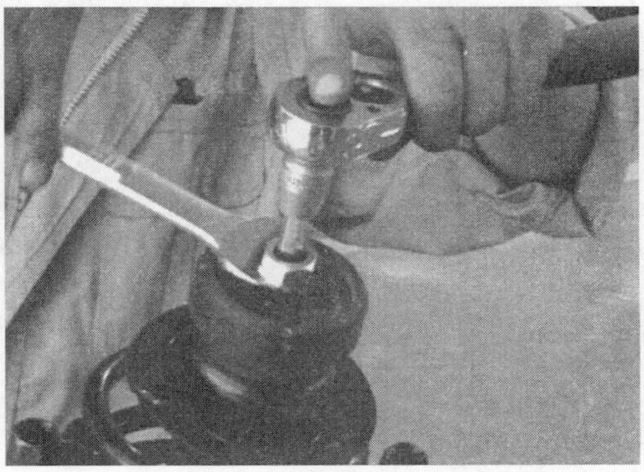

工具：22 mm 开口扳手

(5) 依次取下：悬架支承轴轴承、弹簧上座、螺旋弹簧、限位缓冲块。

(6) 使用管子钳拧松减振器的固定螺母，旋出固定螺母。

工具：管子钳

(7) 取出减振器。

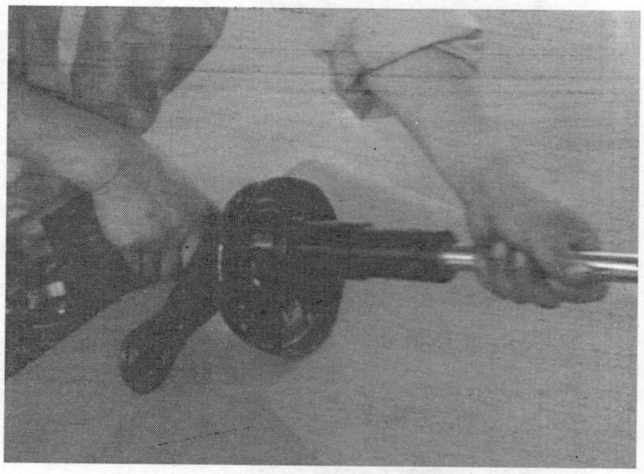

3）拆卸横向稳定杆

（1）拧下固定在副车架上的支架螺栓。

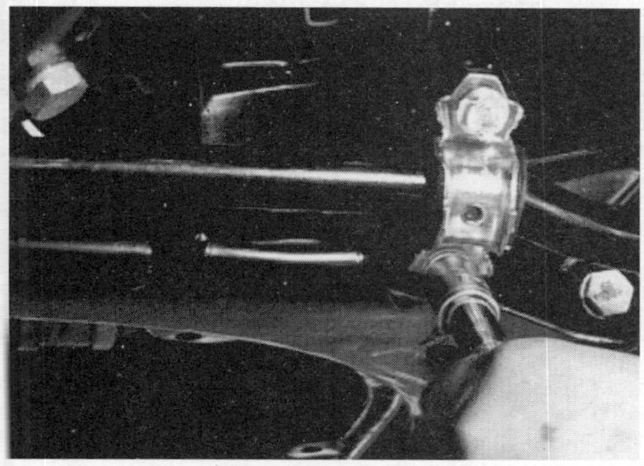

工具：13 mm 套筒、短接杆、棘轮扳手

（2）拧下两侧横向稳定杆与下摇臂连接螺栓的紧固螺母。

工具：13 mm 套筒、短接杆、棘轮扳手

（3）拆下横向稳定杆。

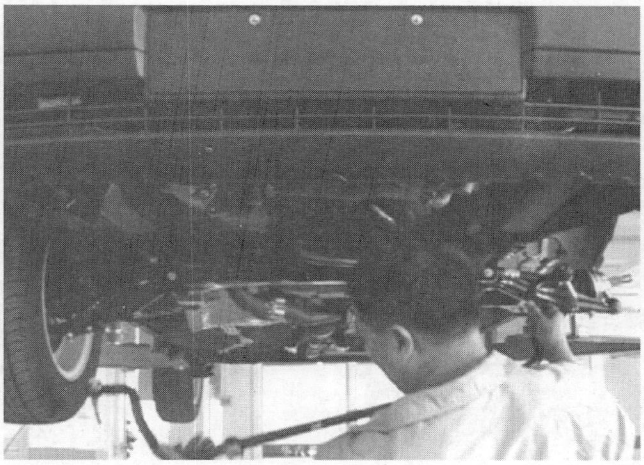

4）拆卸下摇臂

（1）固定下摇臂与副车架连接螺栓的固定螺母。

工具：17 mm 开口扳手

（2）拧松下摇臂与副车架连接螺栓的紧固螺栓。

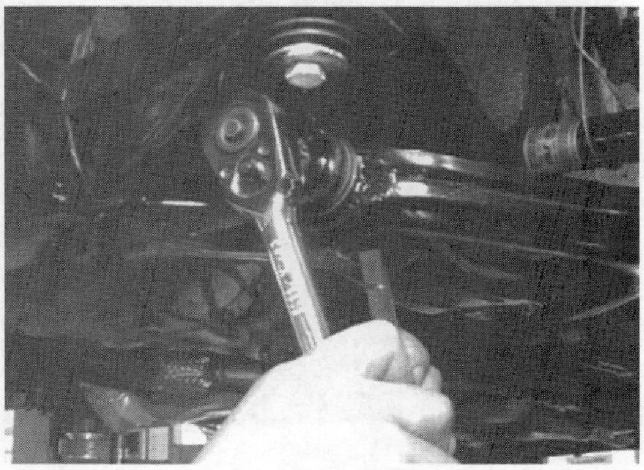

工具：17 mm 套筒、棘轮扳手

(3) 取下螺栓和螺母。

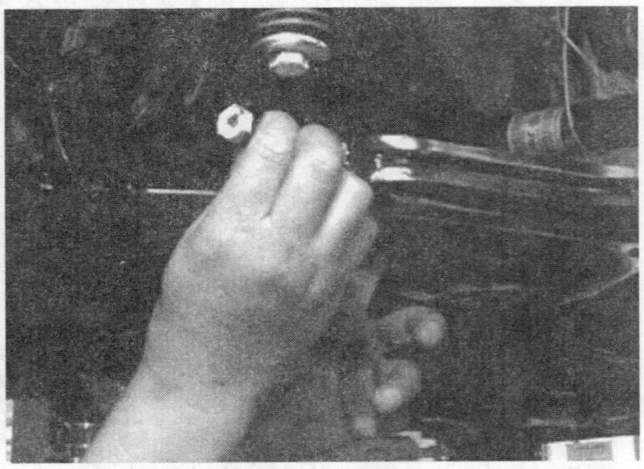

(4) 拆下下摇臂。

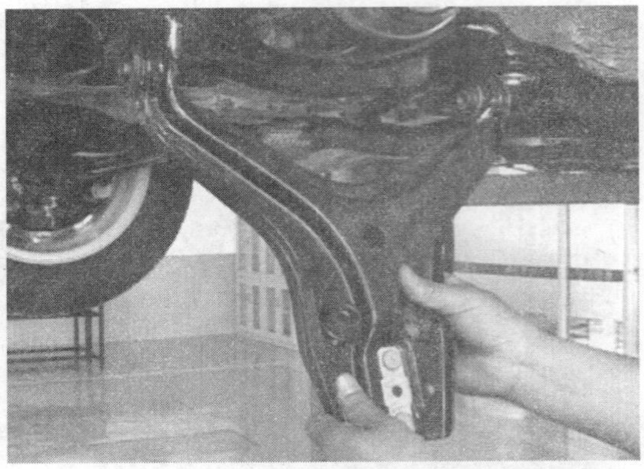

5) 拆卸后桥

(1) 举升车辆,升至方便于维修人员在车下操作为止。

注意: 车辆举升到位,锁止举升。

(2) 拧松驻车制动拉线的紧固螺母。

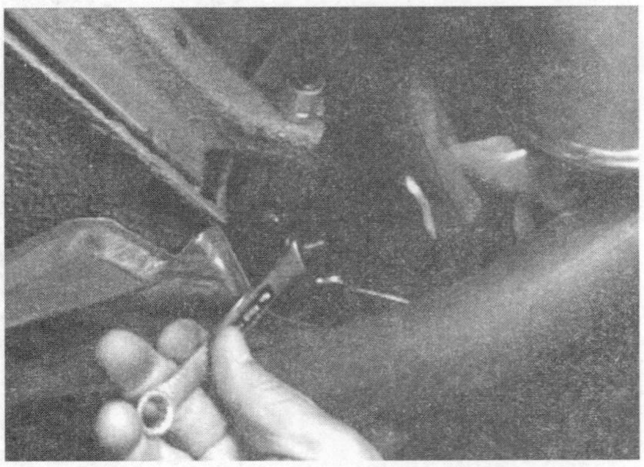

工具: 10 mm 开口扳手

(3) 取下螺母和驻车制动拉线定位块。

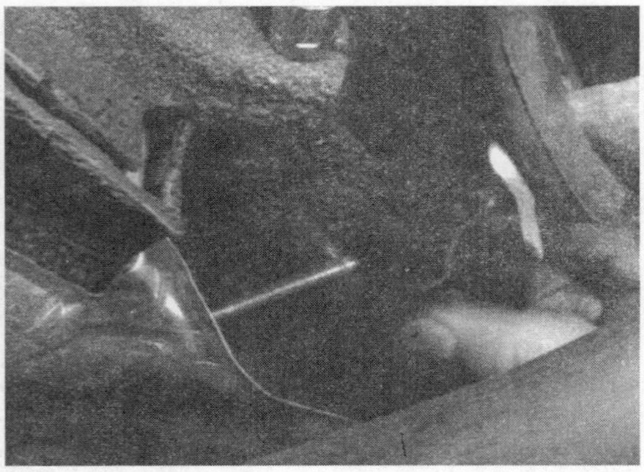

(4) 将手拉刹车线从定位孔中拉出。

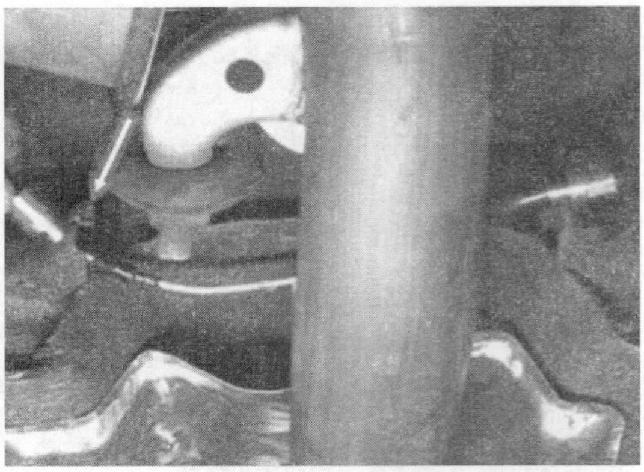

(5) 拧松制动硬管的螺母，拉下制动硬管，使制动硬管和软管分开。

注意：收集好制动液，制动液对油漆有腐蚀作用，不要将制动液滴在车辆油漆上。

工具：11 mm 开口扳手、14 mm 开口扳手

(6) 撬出 4 个排气管吊环。

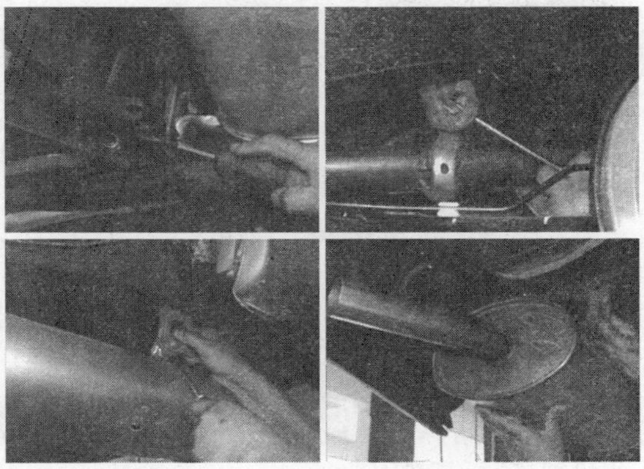

工具：一字起子

(7) 用升降器撑住后桥。

(8) 拧下车身与后桥的支承座螺母。

工具：17 mm 套筒

(9) 将驻车制动拉丝从固定弹簧上拉出。

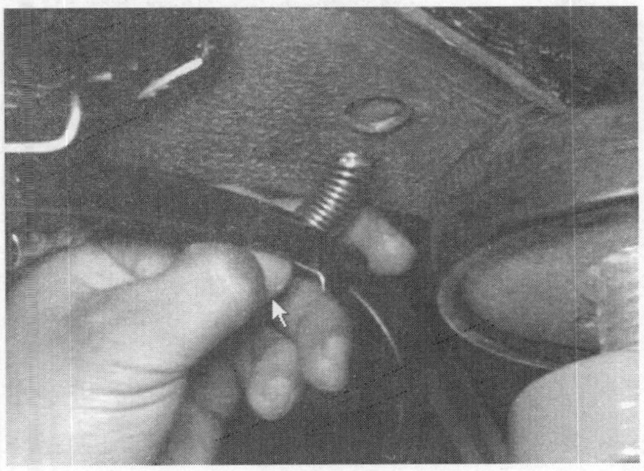

(10) 用 17 mm 梅花扳手固定减振器下端和后桥的固定螺母，用 17 mm 的套筒扳手拧松减振器下端和后桥的固定螺栓，取出螺母和螺杆。

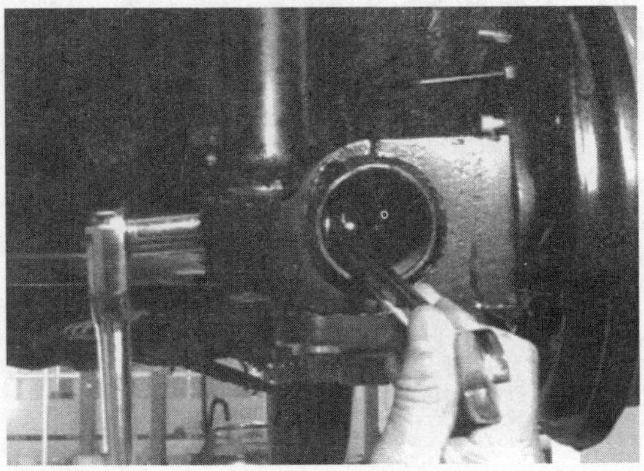

工具：17 mm 梅花扳手、17 mm 套筒扳手

(11) 托住后桥,将升降器慢慢下降,将支承座从螺母上移出。

(12) 将驻车制动拉线与后桥一同从车底下移出。

(13) 后桥拆卸完毕。

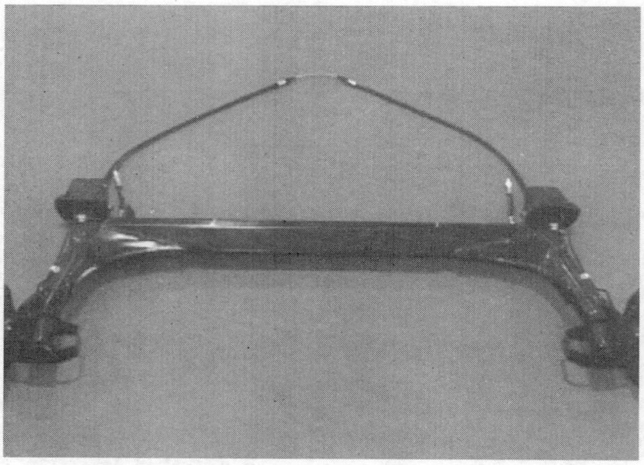

6) 拆卸后螺旋弹簧和减振器总成

(1) 将车辆下降,降至未拆卸车轮刚刚着地为止,锁止举升臂。

(2) 打开车后门,从车厢内取下减振器盖板。

(3) 将专用工具内侧四角扳手放入减振器活塞杆上的内四角里。

工具：后减振器专用工具

(4)专用工具的套筒套于减振器活塞杆的螺母上。

工具：后减振器专用工具

(5) 使用千斤顶举升臂顶住减振器支柱下部。

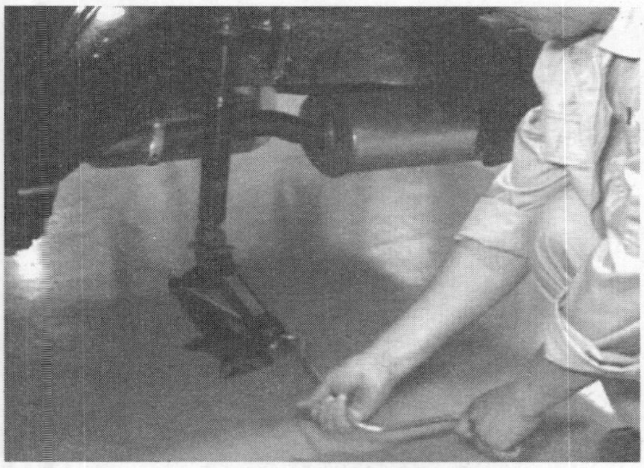

(6) 一手扶住专用工具内侧四角扳手延伸杆，以固定减振器活塞杆。

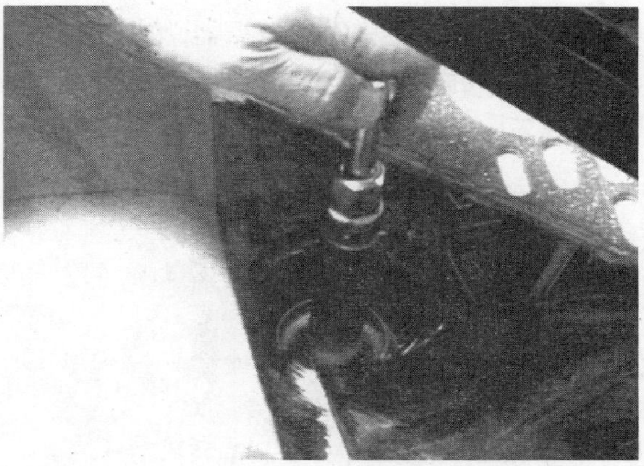

(7) 另一只手用 22 mm 开口扳手，拧专用工具套筒上的六角部分。

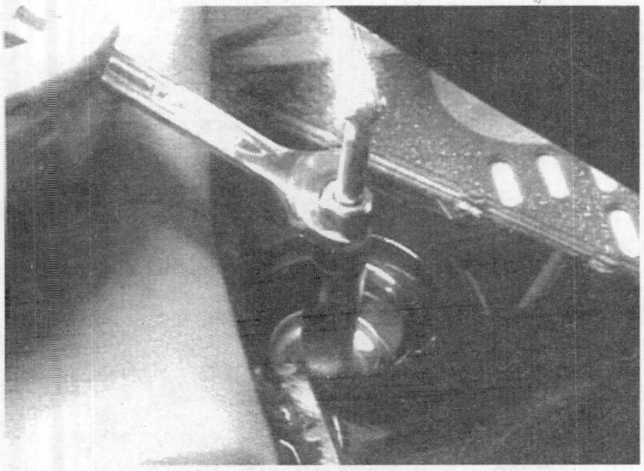

(8) 旋下减振器活塞杆的螺母。

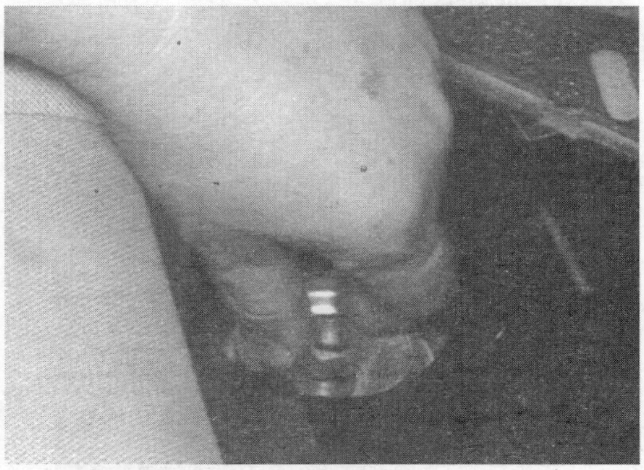

(9) 放下千斤顶举升臂。

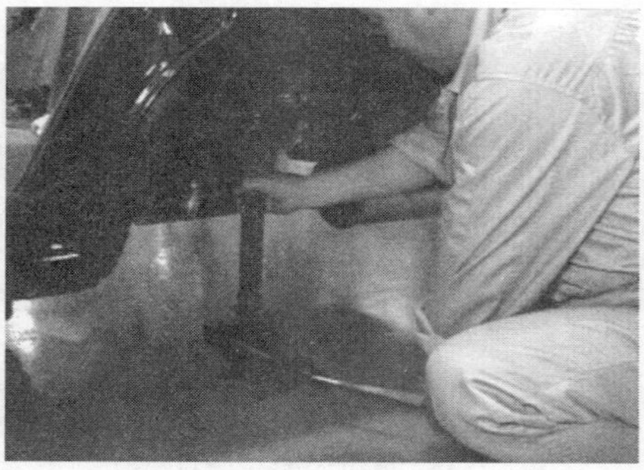

(10) 将后螺旋弹簧和减振器总成从车上取下。

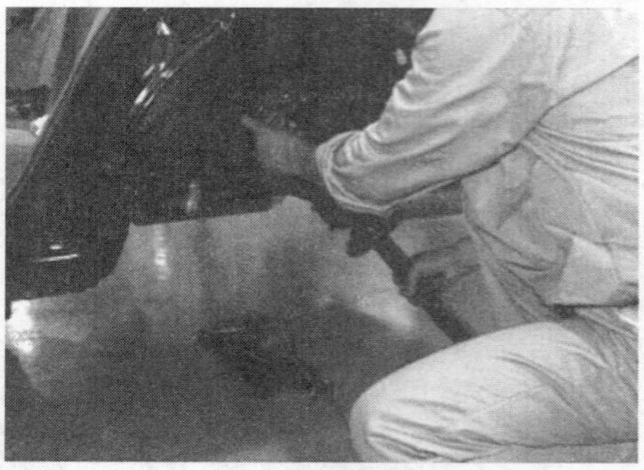

2. 减振器与螺旋弹簧的检测

(1) 检查减振器外壳是否有漏油处,如外壳有漏油,应更换减振器;

(2) 推拉减振器活塞杆,拉出时阻力应该较大,如拉出时无阻力,应更换减振器;

(3) 检查螺旋弹簧,如有损坏、折断,应更换螺旋弹簧;

(4) 转动前悬架支撑轴轴承,如果转动不灵活,则应更换新件;

(5) 检查减振器防尘罩、缓冲块,如有损伤、龟裂、老化等现象应更换新件。

3. 悬架的安装

1) 安装后螺旋弹簧和减振器总成

(1) 将减振器支撑杆座装入车身的支架中。

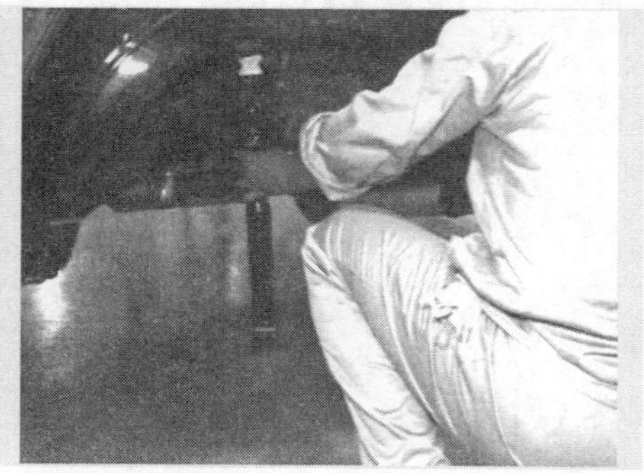

(2) 使用千斤顶向上压减振器下端,使螺旋弹簧压缩。

(3) 使减振器活塞杆进入车厢内减振器上支撑座孔内。

(4) 使用专用工具拧紧固定螺母。

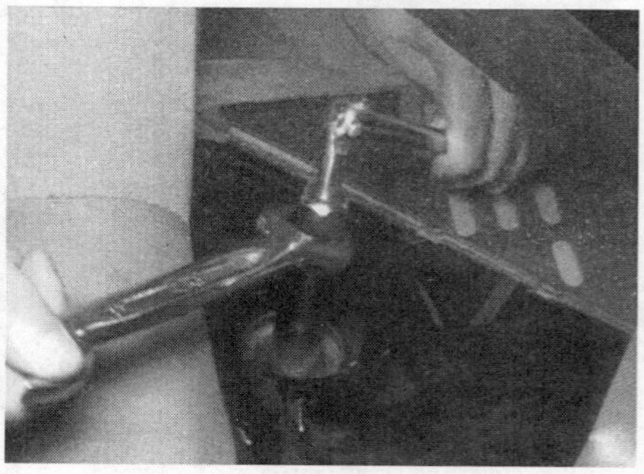

工具:后减振器专用工具、22 mm 开口扳手

(5) 盖上减振器上支撑座孔盖。

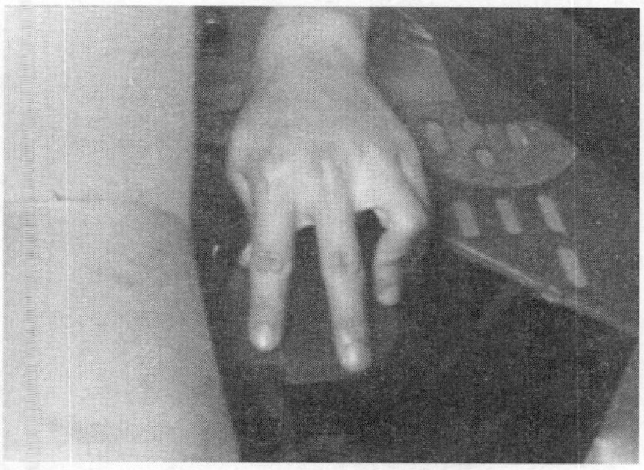

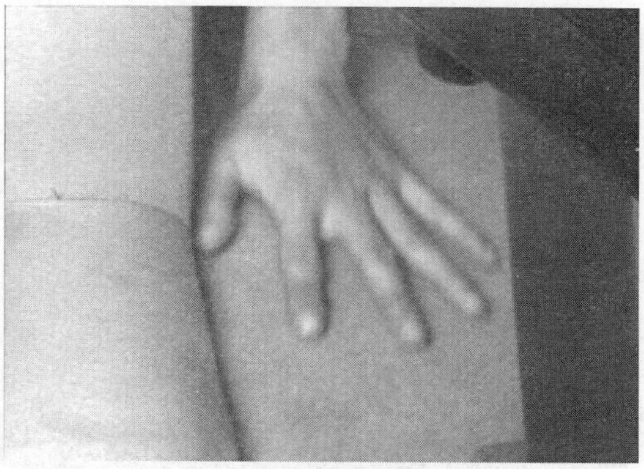

2) 安装后桥

(1) 举升车辆，升至方便于维修人员在车下操作为止。

注意： 车辆举升到位锁止举升支臂。

(2) 将驻车制动拉索铺设在排气管上面，同时将后桥推入车下固定螺栓孔下。

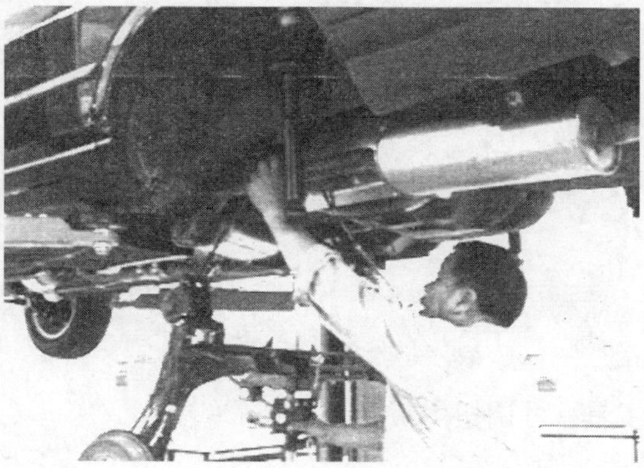

(3) 用升降器举升后桥横梁，对准固定螺栓孔。

(4) 旋上支承座与车身的固定螺母。

(5) 装上减振器和后桥的连接螺栓，旋上固定螺母。

(6) 用17 mm梅花扳手固定减振器与后桥的固定螺母，用可调扭力扳手和17 mm套筒拧紧减振器与后桥的连接螺栓。

工具：17 mm梅花扳手、17 mm套筒

(7) 拧紧支承座与车身的固定螺母，拧紧力矩为75 N·m。

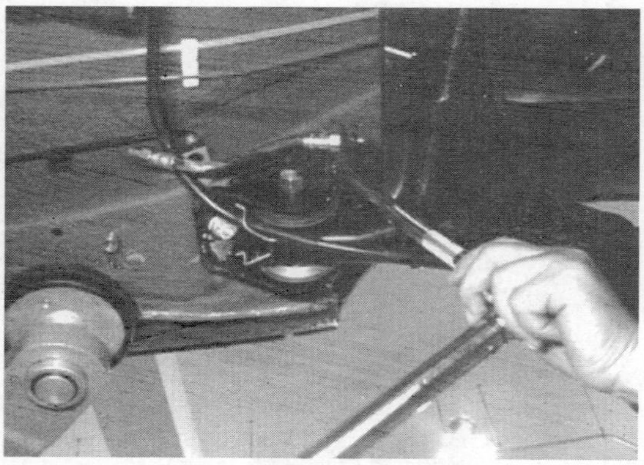

工具：可调扭力扳手、17 mm套筒

(8) 用一字起子将4个排气管吊环装上。

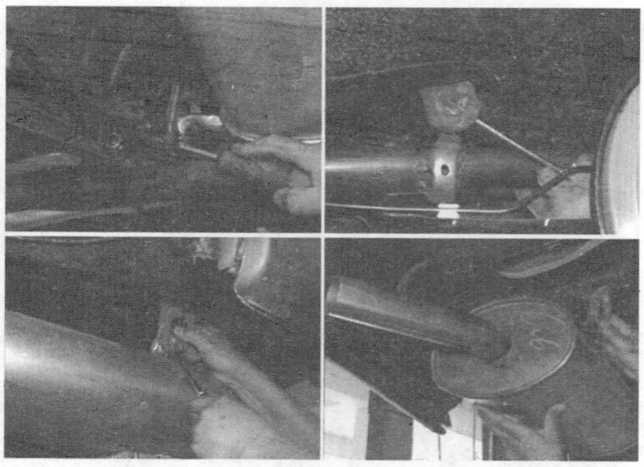

工具：一字起子

(9) 将制动硬管和制动软管接好。

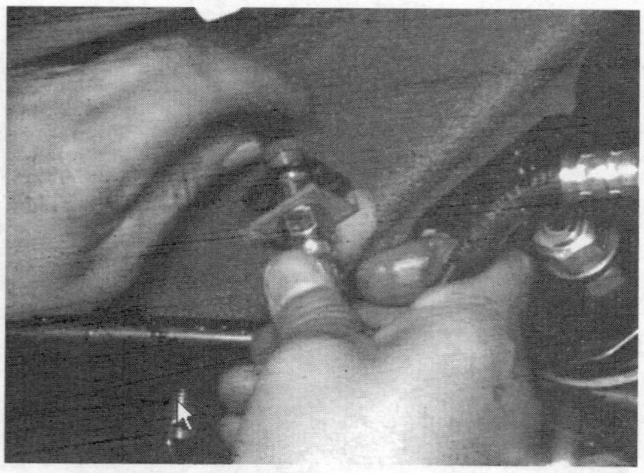

(10) 用11 mm、14 mm两个开口扳手拧紧制动硬管和制动软管的连接螺母。

工具：11 mm开口扳手、14 mm开口扳手

（11）将驻车制动拉线装入固定弹簧内。

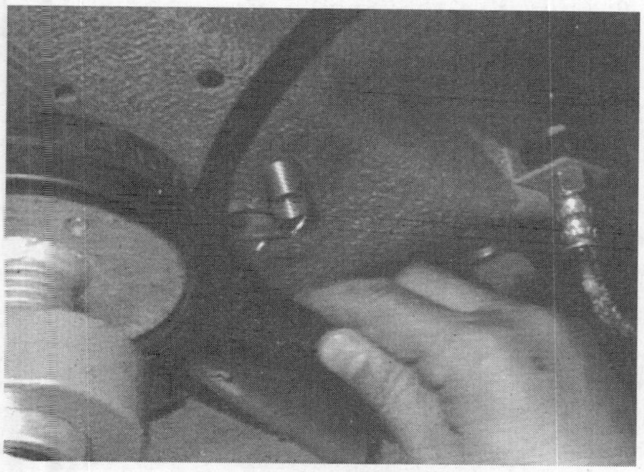

（12）将驻车制动拉线装入定位孔中。

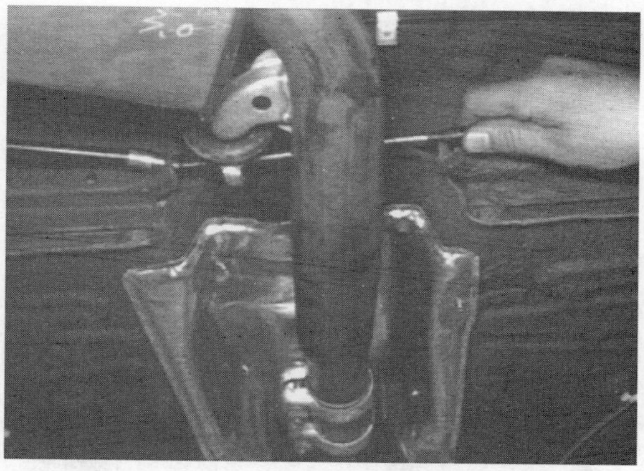

（13）装上驻车制动拉线定位块和固定螺母。

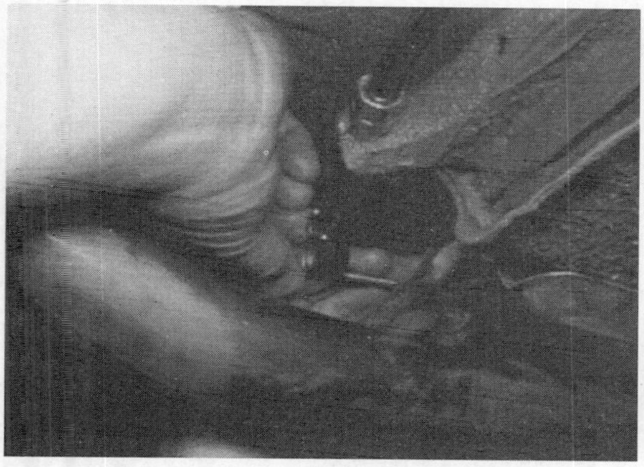

（14）拧紧固定螺母。

工具：10 mm 开口扳手

3）安装下摇臂

（1）将下摇臂装在副车架上。

（2）装上下摇臂与副车架的2个连接螺栓。

(3) 旋上下摇臂与副车架连接螺栓的2个紧固螺母。

(4) 用17 mm开口扳手将紧固螺母固定，将可调扭力扳手调整到60 N·m，用调好的扭力扳手和17 mm套筒拧紧紧固螺栓。

工具：17 mm开口扳手、可调扭力扳手

4) 安装横向稳定杆

(1) 将横向稳定杆两端装在下摇臂上，旋上横向稳定杆与下摇臂的固定螺母。

(2) 装上横向稳定杆的夹箍。

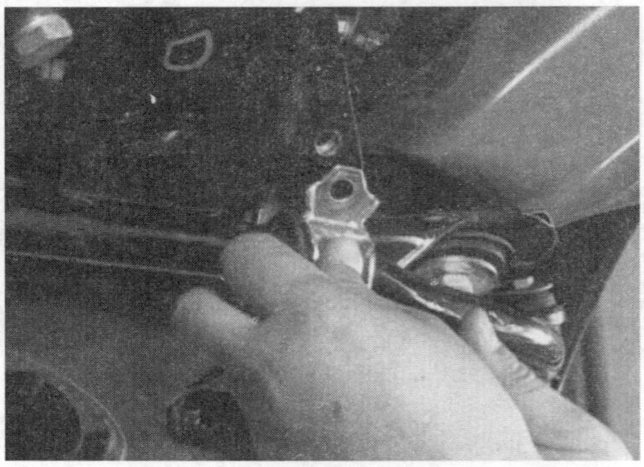

(3) 旋上横向稳定杆与副车架的连接螺栓，用13 mm套筒和可调扭力扳手拧紧横向稳定杆与副车架的连接螺栓，拧紧力矩为25 N·m。

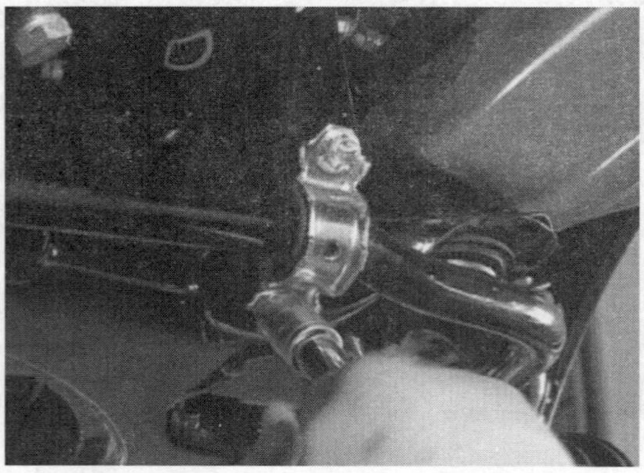

工具：13 mm套筒、可调扭力扳手

(4) 拧紧横向稳定杆与下摇臂的固定螺母。

工具：13 mm套筒、棘轮扳手

5）组装螺旋弹簧和减振器

（1）安装减振器。

（2）旋上减振器固定螺母。

（3）用管子钳将减振器固定螺母拧紧。

工具：管子钳

（4）安装限位缓冲块。

（5）安装螺旋弹簧。

注意：螺旋弹簧下端的挡块要卡住螺旋弹簧。

（6）安装弹簧上座。

(7) 安装悬架支承轴轴承。

(8) 旋上开槽螺母。

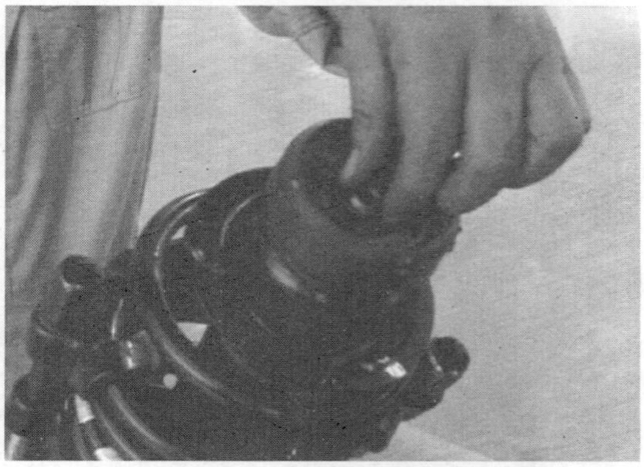

(9) 将专用开槽套筒套入开槽螺母的开槽中。

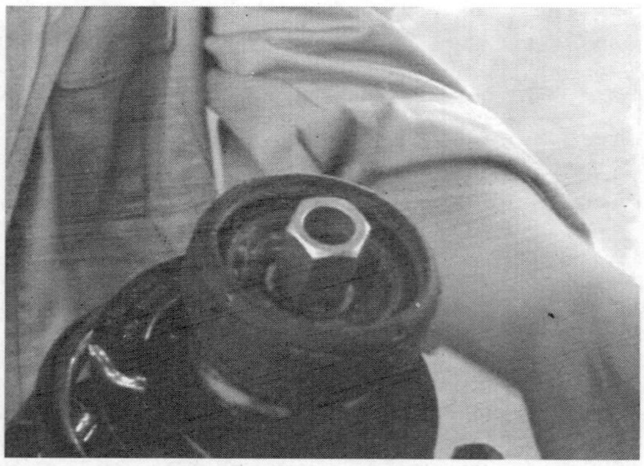

工具：专用开槽套筒套

(10) 用 7 mm 内六角扳手固定活塞杆。

工具：7 mm 内六角扳手

(11) 用 22 mm 开口扳手拧动开槽套筒，拧紧开槽螺母。

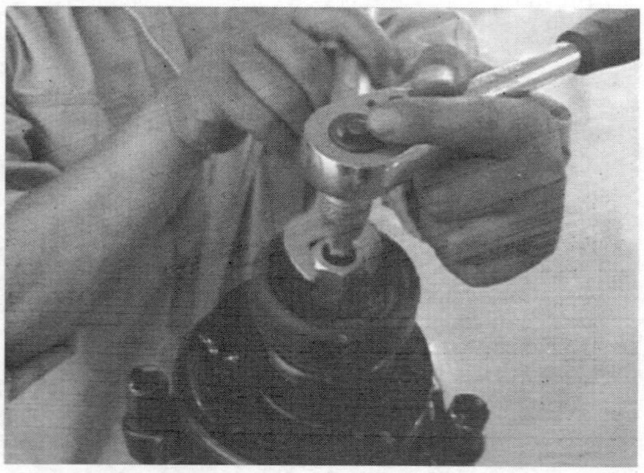

工具：22 mm 开口扳手

(12) 旋松螺旋弹簧压紧器，并将其从减振器上取下。

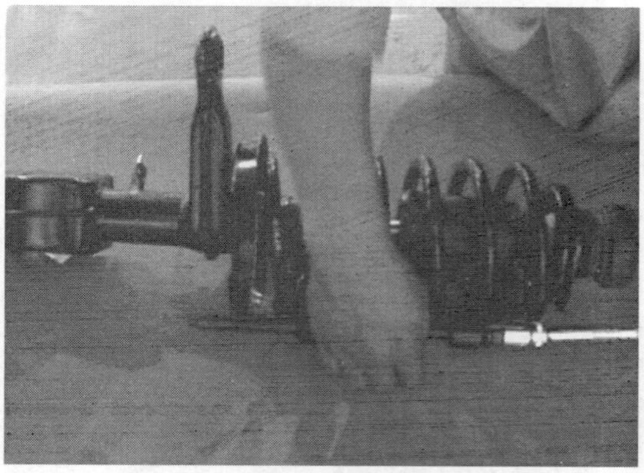

6）安装前螺旋弹簧和减振器总成

(1) 将车辆下降，降至未拆卸车轮刚刚着地为上。

(2) 将装配好的前螺旋弹簧和减振器总成托入前减振器上支承座。

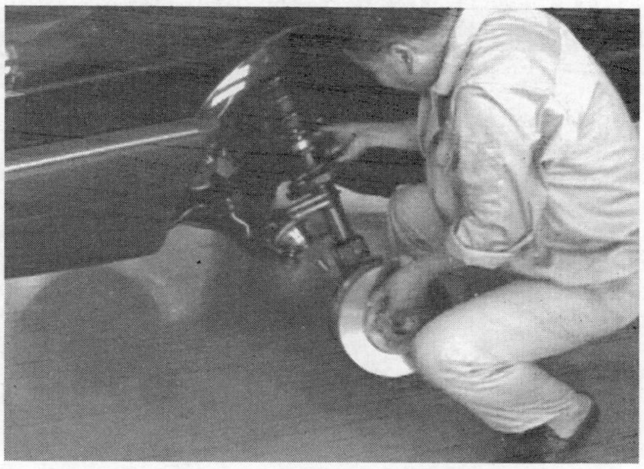

(3) 用手支撑好减振器支柱下部。

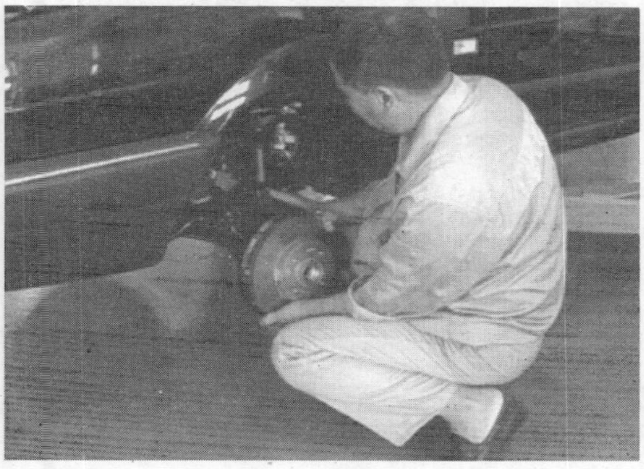

(4) 拧上前减振器活塞杆上的螺母。

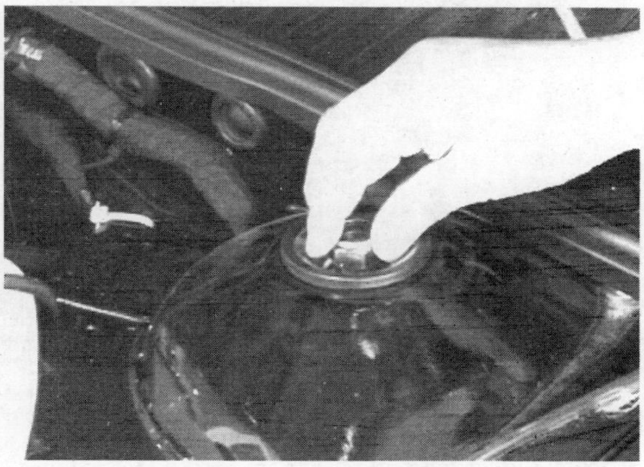

(5) 使用专用工具拧紧前减振器活塞杆上的螺母。

(6) 将车举起，使轮毂离地 1 m 左右(一般与维修人员的腰平齐)。

(7) 将传动轴花键插入车轴轴孔内。

(8) 装入轴承垫圈。

(9) 拧上传动轴与轮毂的紧固螺母。

(10) 下摇臂球头销装入减振器下支架。

(11) 装上下摇臂球头销和减振器下支架的紧固螺栓和螺母,并拧紧力矩。

工具:扭力扳手、17 mm 套筒

(12) 用专用压具将球头销顶住在转向臂孔中,以防止球头销跟转。

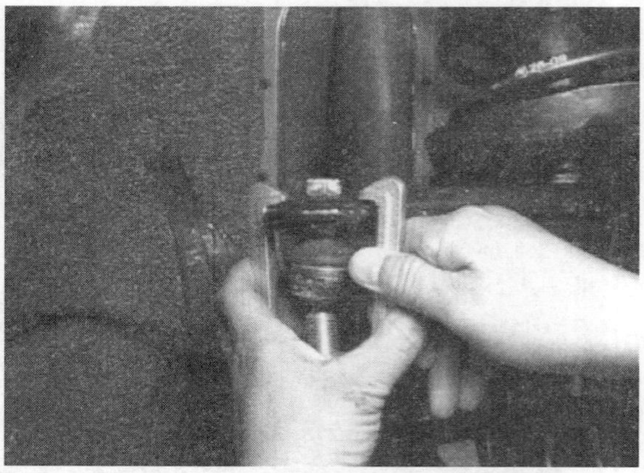

工具:专用压具

(13) 旋上球头销紧固螺母，将螺母拧紧到适当力矩。

工具：17 mm 开口扳手

(14) 将外摩擦片装在制动盘上。

(15) 将制动钳装上制动盘。

(16) 旋上制动钳的紧固螺栓。

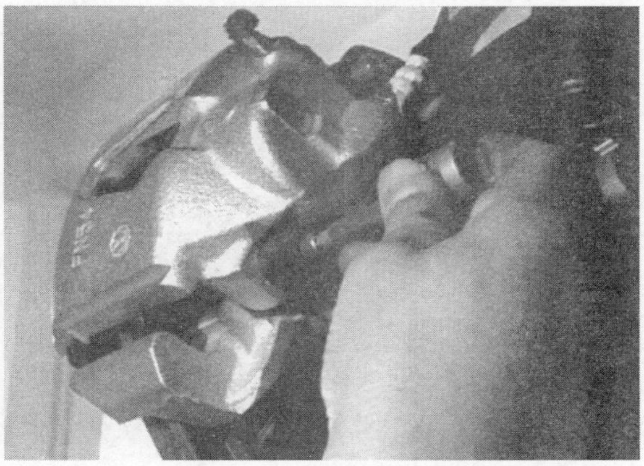

(17) 拧紧固定螺栓，拧紧力矩为 70 N・m。

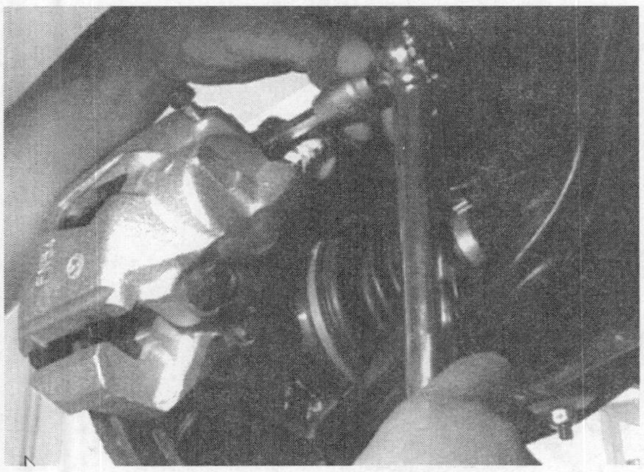

工具：可调扭力扳手

(18) 装上制动软管夹箍。

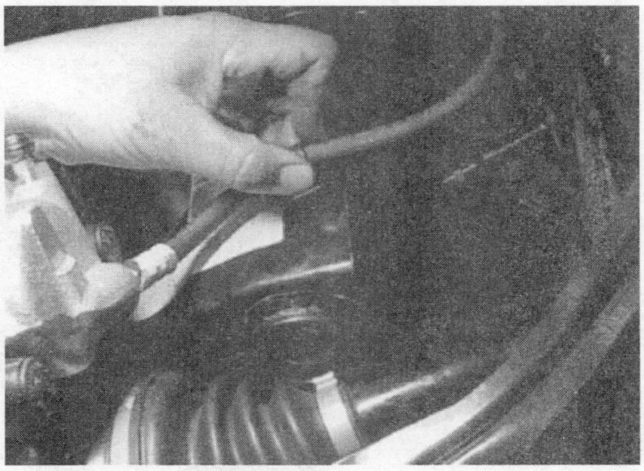

(19) 装上保持弹簧。

(20) 安装车轮，对准螺栓孔，旋上 4 个车轮固定螺栓。

(21) 将车辆下降，降至车轮着地为止。

(22) 将可调扭力扳手力矩调整到230 N·m，用调好的扭力扳手拧紧传动轴与轮毂的固定螺母。

工具：可调扭力扳手

(23) 将可调扭力扳手力矩调整到 110 N·m，用调好的扭力扳手对角拧紧车轮的固定螺栓。

工具：可调扭力扳手

（五）技术要点

1. 在车轮着地的情况下，旋紧或旋松车轮紧固螺栓、轮毂与传动轴的紧固螺母；

2. 使用举升机举升车辆时，确保举升支臂支撑在车辆举升位置上，防止举升位置不正确而损坏车辆底板；

3. 使用举升机举升车辆时，车辆举升到位后，一定要锁止举升臂，防止车辆下降发生危险；

4. 拆卸制动钳时，不要损坏制动软管；

5. 由于制动液会腐蚀车辆油漆，所以分离制动管路时，要收集好制动液，不要将制动液滴在车辆油漆面上。

二、工作页

1. 写出前螺旋弹簧和减振器总成拆卸的步骤。

2. 写出后螺旋弹簧和减振器总成安装的步骤。

三、复习思考题

1. 为何要在车轮着地的情况下拧松轮毂与传动轴的紧固螺母？

2. 如何将驻车制动拉线和后桥一起从车上取下？

3. 轮毂与传动轴紧固螺母的拧紧力矩是多少？

4. 简述悬架拆装过程中的注意事项。

实训十　转向系统的拆装与检修

姓名：____________　　班级：____________　　日期：____________

一、实训指导

(一) 实训目标

1. 掌握转向器的拆装步骤；
2. 学会检验转向器的技术状态；
3. 了解转向系统的主要总成、零件失效可能产生的故障现象及排除方法。

(二) 安全要求及注意事项

1. 正确使用举升机及工具；
2. 拆装转向系统总成时，应首先拆下蓄电池负极线，切断汽车电源；
3. 取出、安装转向器总成时，应安全小心，防止落地伤人。

(三) 设备/工具/耗材要求

设备：桑塔纳 GLi 乘用车一辆、转向系统总成一套、举升机一台。

工具：10 mm 梅花扳手、13 mm 梅花扳手、15 mm 梅花扳手、17 mm 梅花扳手、6 mm 内六角扳手、13 mm开口扳手、17 mm 开口扳手、22 mm 开口扳手、可调扭力扳手、专用拉马、13 mm 套筒、17 mm 套筒、棘轮扳手。

耗材：抹布。

(四) 实训操作指导

1. 转向器总成的拆卸

(1) 打开发动机盖,松开蓄电池负极固定螺栓,拔下负极电线。

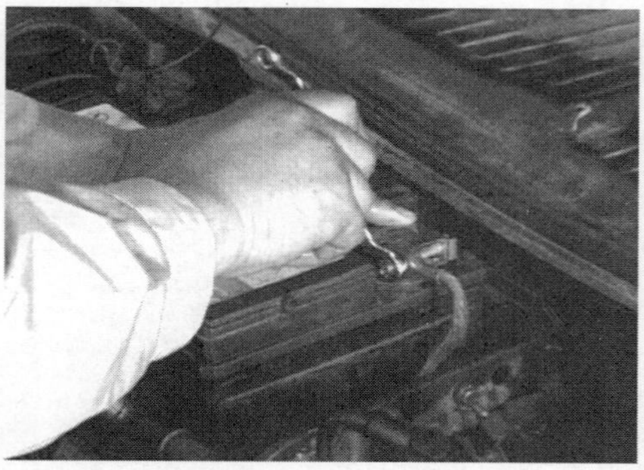

工具：10 mm 梅花扳手

(2) 拧下转向柱下段的夹紧箍自锁螺母,取下夹紧箍自锁螺栓。

工具：13 mm 梅花扳手

(3) 拧下转向减振器连接件与转向支架的固定螺栓。

工具：17 mm 开口扳手

(4) 将转向减振器连接件向上转动,脱离与转向支架的连接。

(5) 拧下转向支架与齿条的 2 个固定螺栓。

工具：17 mm 梅花扳手

(6) 用专用拉马顶住转向横拉杆的球节头,拧下前减振器与转向横拉杆球节头的固定螺母。

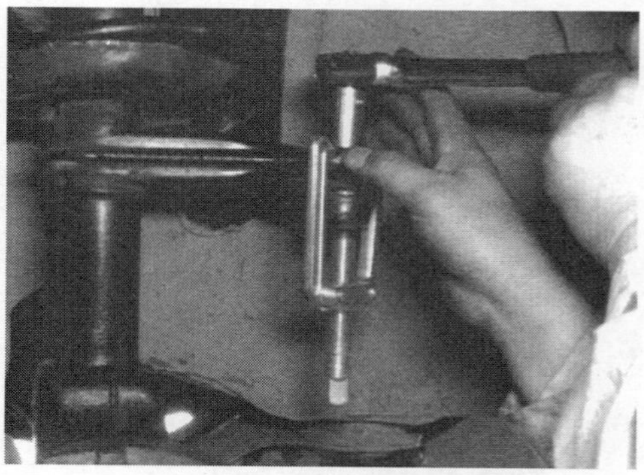

工具：专用拉马、17 mm 套筒、棘轮扳手

(7) 向下拉转向横拉杆，使转向横拉杆与前减振器脱离。

(8) 拧下转向器凸缘与车身的 2 个固定螺栓。

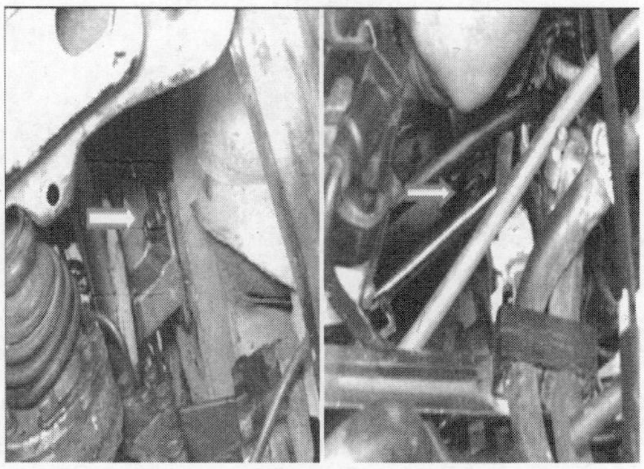

工具：17 mm 梅花扳手

2. 转向器的检修

(1) 检查转向器外壳有无破裂或损坏，如破损严重，应予更换转向器总成。

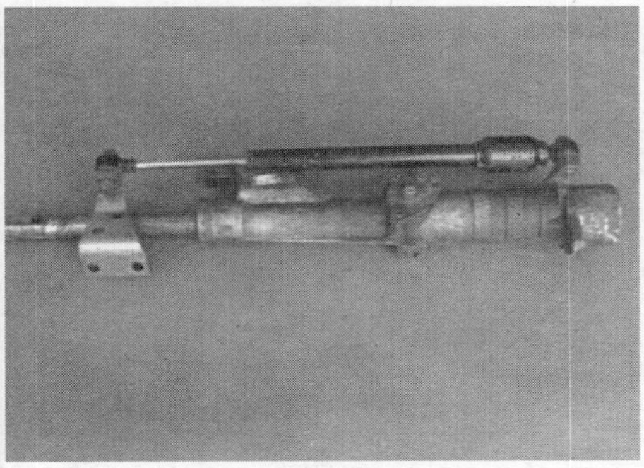

(2) 拧下压盖上的锁紧螺栓。

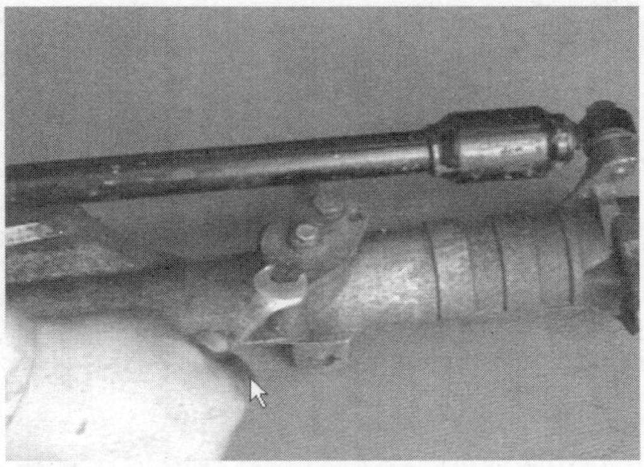

工具：17 mm 梅花扳手

(3) 取下压盖、密封圈、补偿弹簧和压块。

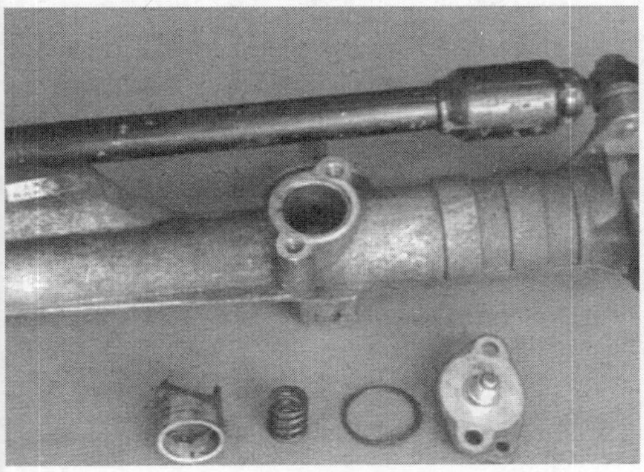

(4) 检查密封圈是否完好，如有漏油或破损，必须更换。

（5）检查补偿弹簧是否变形，弹性是否正常，如有损伤，应予以更换。

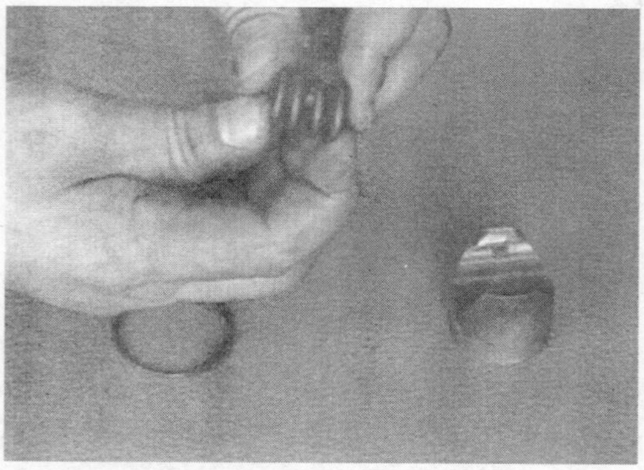

（6）检查压块是否有裂纹、烧蚀等损伤，如有上述损伤，应予以更换。

（7）检查齿条是否有明显的划痕、裂纹或扭曲变形等损伤，损伤严重，则必须更换转向器总成。

（8）检查防尘罩是否有老化、破损等损坏，如有则应予以更换。

注意：所有的自锁螺栓和螺母一经拆卸，安装时必须更换，转向器各零件不允许焊接或整形，以确保安全可靠。

3. 转向器传动机构的检修

（1）拧下转向减振器与转向器壳体的固定螺栓，取下转向减振器。

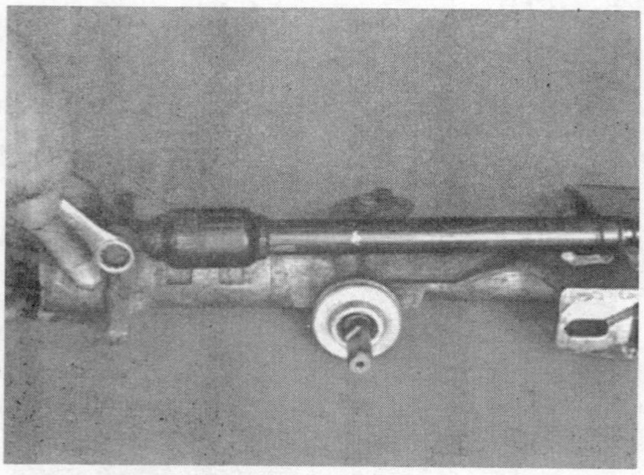

工具：15 mm 梅花扳手

（2）检查转向减振器是否漏油，是否有裂纹、变形等损伤，如果损伤严重，则应予以更换。检查转向减振器是否有异常响声，如有则应予以更换。

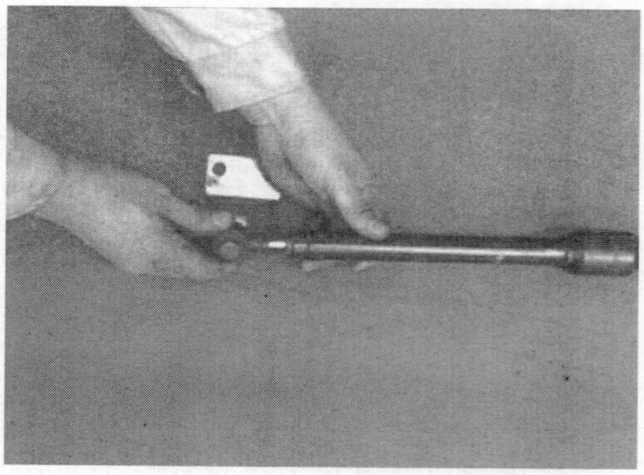

(3) 用手下压、上拉减振器的活塞杆，正常情况下会有一定的阻力，如果活塞杆软而无力或上拉后自己往下落，则说明转向减振器已经损坏，应予以更换减振器。

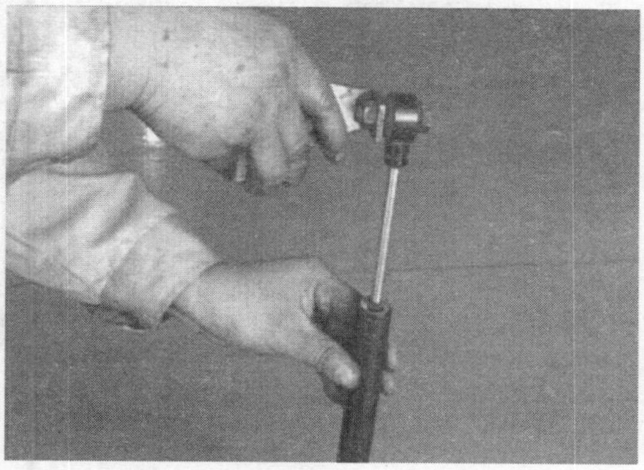

(4) 检查左右转向横拉杆是否有裂纹、弯曲变形等损伤，如有则应更换。

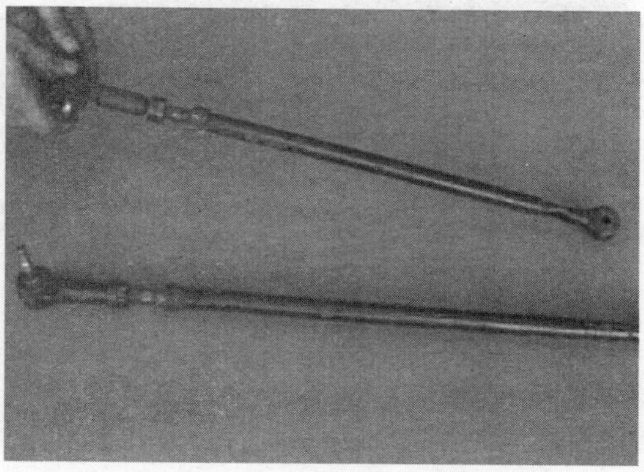

(5) 检查球头销螺纹是否有损坏，如有必须更换球节头。

(6) 左转向横拉杆的长度为(579±8)mm，右转向横拉杆的长度为(553.9±8)mm，调节横拉杆的长度即可调节前轮的前束值。

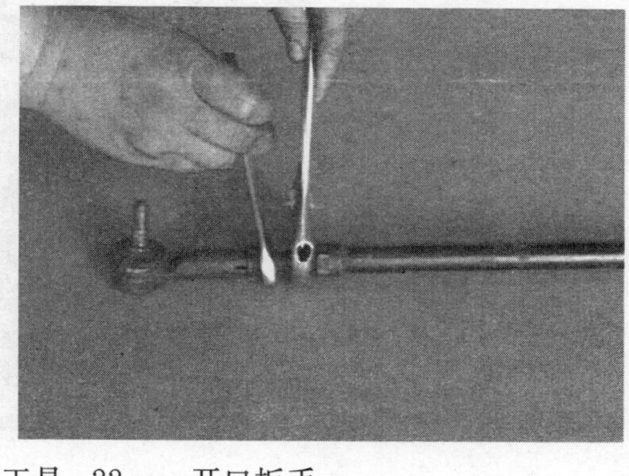

工具：22 mm 开口扳手

4. 转向器总成的安装

(1) 将转向器总成从发动机舱管路、电线的空隙中放入发动机舱中。

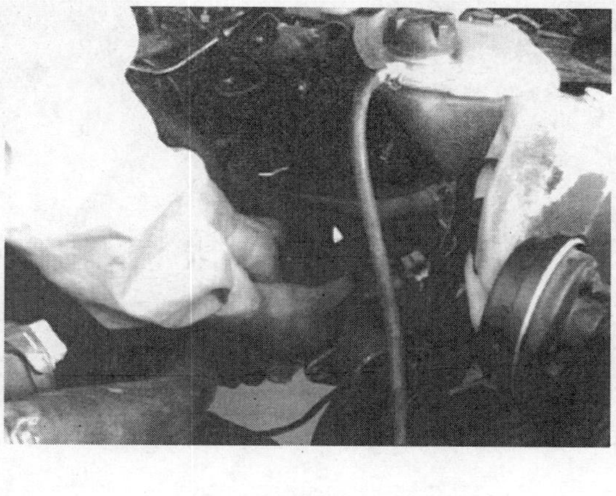

(2) 将转向器的齿轮轴对准转向柱下段的孔中，转向器对准左前罩处车身上的孔中，转向器壳体凸缘上的螺孔对准固定螺栓，然后将转向器装入各孔中。

(3) 旋上转向管下段与齿轮轴夹紧箍的自锁螺栓和螺母，拧紧力为 25 N·m。

工具：13 mm 套筒、扭力扳手

(4) 旋上转向器壳体与车身的 2 个固定螺栓，力矩为 25 N·m。

工具：17 mm 套筒、扭力扳手

(5) 旋上左前罩处转向器与车身的 2 个固定螺栓和螺母，力矩为 20 N·m

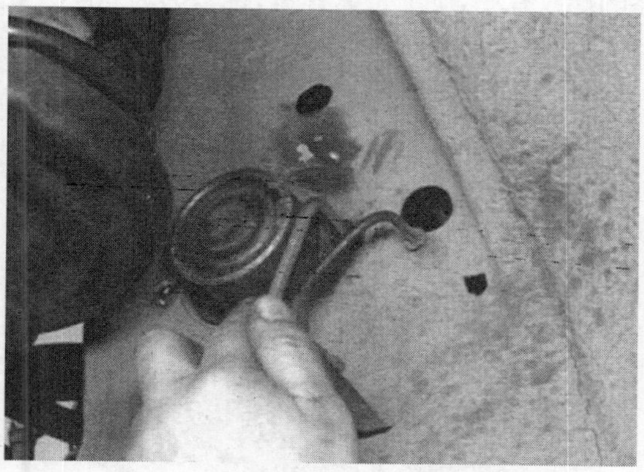

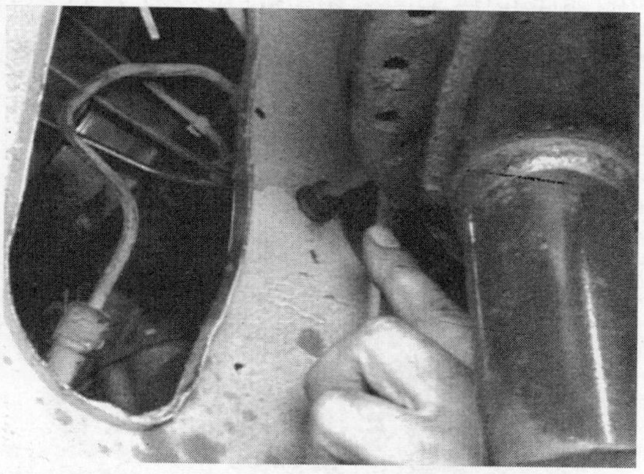

工具：6 mm 内六角扳手

(6) 将左右转向横拉杆装入转向支架，用连接器上的 2 个螺栓将两者连接，旋上 2 个固定螺栓，以防止转向横拉杆脱落。

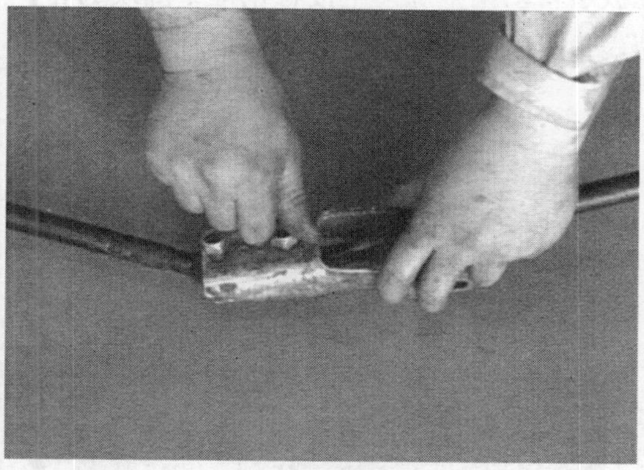

(7) 将转向横拉杆和转向支架一起转入发动机舱中。

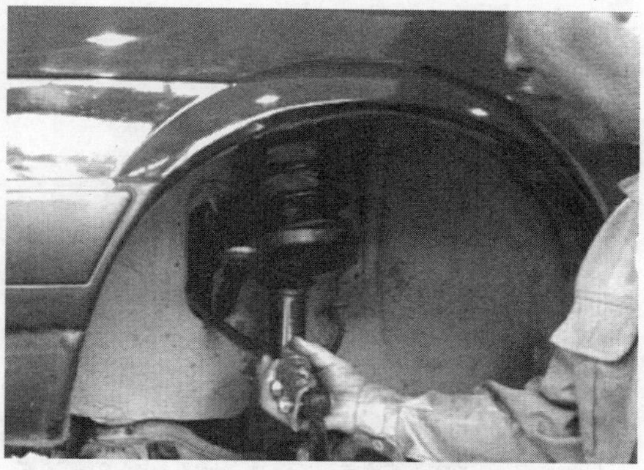

(8) 对准转向支架与齿条的 2 个螺纹孔，旋上固定螺栓和螺母，拧紧力矩为 55 N·m。

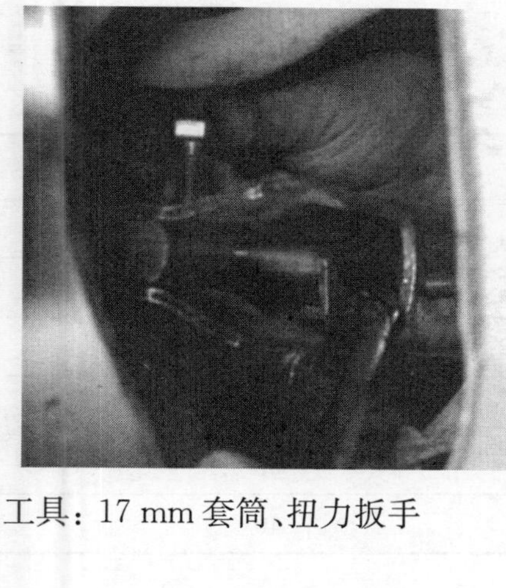

工具：17 mm 套筒、扭力扳手

(9) 旋下连接器与转向横拉杆的 2 个固定螺母。

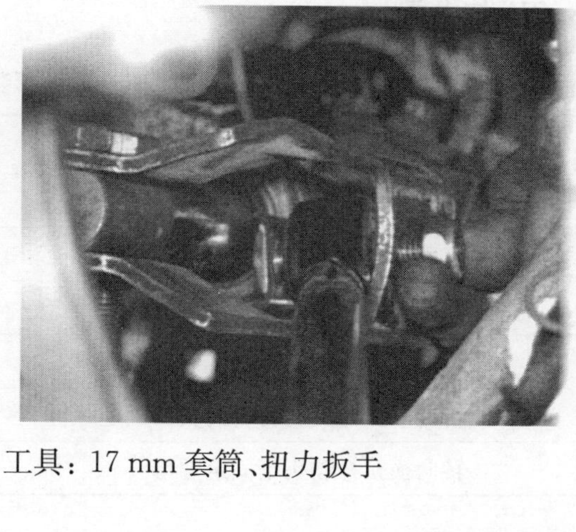

工具：17 mm 套筒、扭力扳手

(10) 将转向减振器支架对准螺纹孔装在连接器的螺栓上,旋上固定螺栓,拧紧力为 55 N·m。

工具: 17 mm 套筒、扭力扳手

(11) 将转向横拉杆球节头的球头销装入前减振器的螺纹孔中,旋上锁紧螺母,拧紧力为 40 N·m。

工具: 17 mm 套筒、扭力扳手

(12) 将蓄电池负极电线套上蓄电池负极上,旋上锁紧螺母,用 10 mm 梅花扳手拧紧。

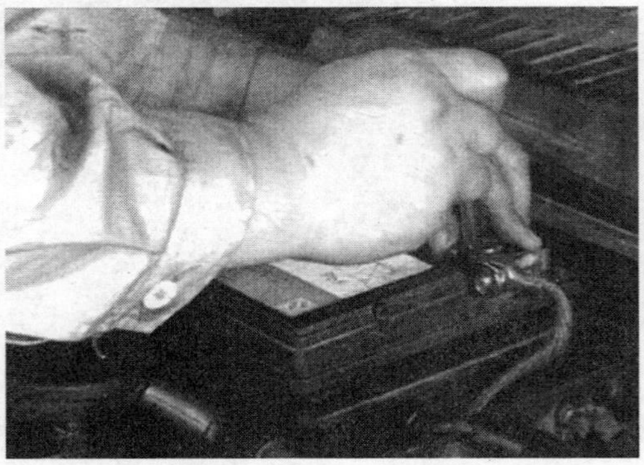

工具: 10 mm 梅花扳手

(13) 转向器装复后,必须检查齿轮与齿条的啮合间隙。当需要调整时,将车辆处于直线行驶位置,用 13 mm 梅花扳手松开锁紧螺母,用10 mm梅花扳手转动调整螺栓至接触止推垫圈块为止,然后用六角扳手拧紧六角螺母,以防调整螺栓转动。

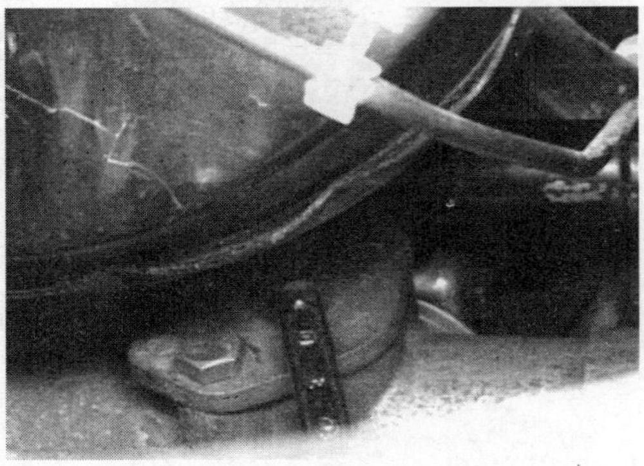

工具: 10 mm 梅花扳手、13 mm 梅花扳手、6 mm六角扳手

(五) 技术要点

转向系的拆装螺栓(螺母)拧紧力矩

螺栓(螺母)	拧紧力矩/(N·m)
联轴器夹紧箍上的螺栓	25
左前轮罩处转向器与车身的固定螺栓和螺母	20
转向器壳体凸缘与车身后横板的固定螺栓	25
转向支架与齿条的固定螺栓和螺母	55
转向减振器支架与转向支架固定螺母	55
转向横拉杆球头销固定螺母	40

二、工作页

1. 写出拆卸转向器的步骤。

2. 检测转向系统，将检测结果填入下表。

总成部件名称	检测项目	检测结果	处理意见	备　注
1.				
2.				
3.				
4.				

三、复习思考题

1. 为何在拆卸转向器前首先要松开蓄电池负极的固定螺栓，拔下负极电线？

2. 在拆卸前减振器与转向横拉杆球节头的固定螺母时，为何要用专用拉马顶住转向横拉杆的球节头？

3. 如何对转向减振器进行检验？

4. 简述转向传动机构的检修内容。

实训十一　液压动力转向系统的组成认识与检测

姓名：＿＿＿＿＿＿　　班级：＿＿＿＿＿＿　　日期：＿＿＿＿＿＿

一、实训指导

（一）实训目标

1. 树立常备不懈的安全意识，培养踏实肯干的工作态度，养成良好的工作习惯；
2. 认识液压动力转向系统的组成部件；
3. 了解液压动力转向系统的工作原理；
4. 了解液压动力转向系统主要零部件失效可能产生的故障现象及排除方法。

（二）安全要求及注意事项

1. 放置好实训台后应刹住车轮，保证实训教学的安全；
2. 实训教学前，检查并确保电动机固定螺栓及系统螺栓、螺母无松动；
3. 实训教学前，检查并确保转向液压系统无漏油现象，转向助力油充足，必要时予以补充；
4. 液压动力转向实训台用电设备使用 380 V 电源，实训过程中应注意安全，不触摸电源；
5. 实训结束后，按下红色按钮，关闭电动机。

（三）设备/工具/耗材要求

设备：液压动力系统实训台一台、380 V 电源。

工具：一字起子、十字起子、开口扳手、梅花扳手若干、油盘。

耗材：抹布、动力转向液。

（四）实训操作指导

1. 认识液压动力转向系统的组成

1）液压动力转向系统的组成

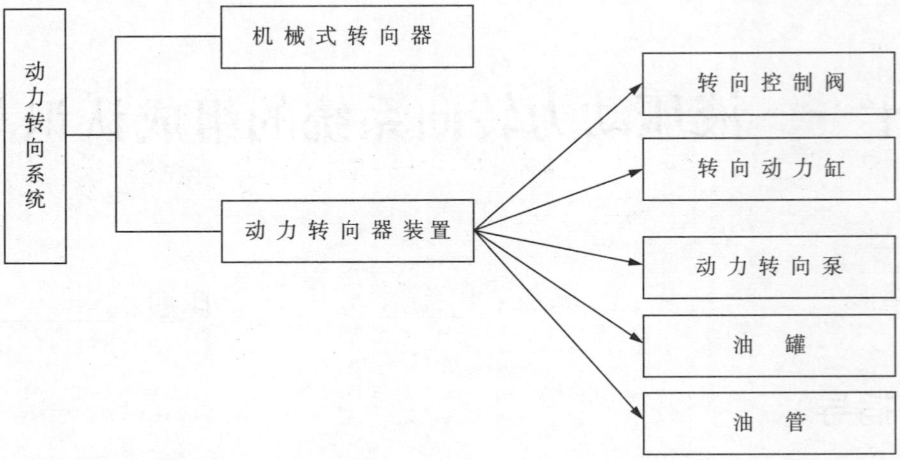

2）液压动力转向系统台架(丰田佳美)

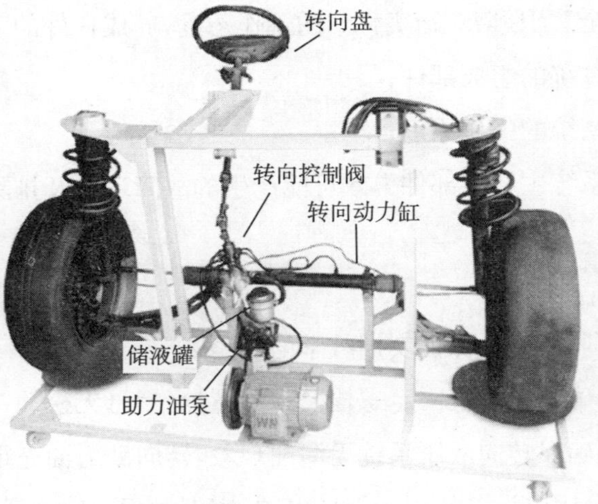

液压动力转向系统(丰田佳美)主要由转向盘、转向轴、转向臂、油管、助力油泵、储液罐、拉杆、动力转向器等组成。

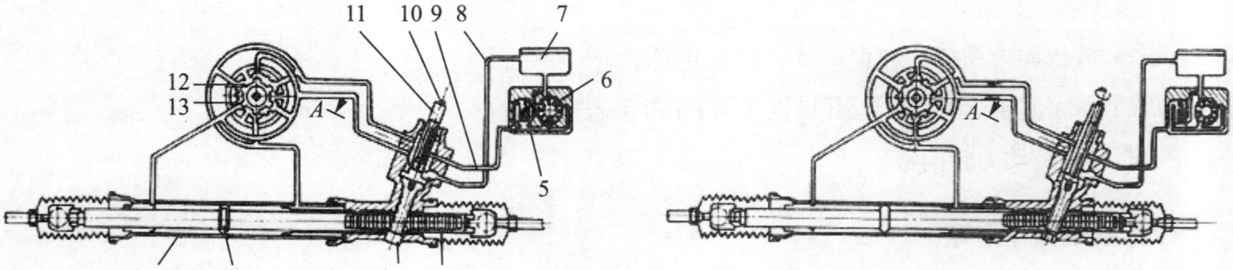

(a) 汽车直线行驶时　　(b) 汽车转向行驶时

液压式动力转向装置工作原理图

1—转向动力缸；2—动力缸活塞；3—转向齿轮；4—转向齿条；5—流量控制阀；6—转向助力泵；7—助力油罐；8—回油管路；9—进油管路；10—扭杆；11—转向轴；12—阀芯；13—阀套

2. 了解液压动力转向系统的工作原理

储油罐用来储存转向动力缸所用的油液，由发动机驱动转向助力泵将油液吸取，增压并送至转向控制阀，控制阀的作用是将发动机输出的部分机械能转化为油液的压力能。安装在机械式转向器内部的转向动力缸主要由缸筒和活塞组成，活塞将动力缸分成两腔，活塞与转向齿条相连接。动力缸的作用是将油液的压力能转化为机械能，实现转向助力。由阀体、转阀、阀套、阀芯等组成的转向控制阀是转向动力缸的控制部分，用来控制油泵输出油液的流动方向，使转向器与转向动力缸协同动作。转向控制阀用油管分别与油罐、油泵、动力缸流通，从而实现助力转向。

3. 实训台操作步骤

1）使液压式动力转向装置不工作，操作转向盘向左或向右转动，感觉操作转向盘的力，应该沉重。

2）接上电动机电源线(380V)。

3）按下绿色按钮电源开关，运行电动机驱动转向助力泵工作。

4）操作转向盘向左或向右转动，可明显感觉到对转向盘施加较小力，转向轮便可向左或向右转动，表示液压式动力转向装置正常工作。

5）动力转向液检查

(1) 发动机怠速时，在保持汽车原地不动时转动方向盘数次，以便使转向液温度上升到 40℃～80℃之间，然后回退转向盘到中间位置。

(2) 发动机停止运转。

(3) 检查储液罐中的液位是否处于规定的范围内。

(4) 检查发动机运行和停止时的液位偏差是否在 5 mm 之内，检查液体是否气泡或乳化。

注意：转向盘不要停留任何一侧超过 10 s。

6）更换动力转向液(选做或演示)

从油罐上取下液压油回油软管，将液压油排入容器，使发动机怠速运转(电动机运转)，在排除液压油的同时，将转向盘从一个极限转至另一极限。将发动机熄火(电动机停止运转)，加入新液压油，起动发动机(电动机运转)，将转向盘从一个极限转至另一极限，排除液压油中的空气。

(五) 技术要点

1. 注意更换的动力转向液要符合标准；
2. 更换动力转向液时，注意动力转向液不要沾到皮带上；
3. 检查传动皮带时，电动机的电源线应处于断电状态。

二、工作页

1. 写出表中的液压式动力转向装置部件的检查结果。

序号	部件名称	检查内容	检查结果
1	传动皮带张力		

(续表)

序号	部件名称	检查内容	检查结果
2	储液罐	动力转向液颜色	
3		动力转向液液位	
4		观察液压泵工作及不打方向时动力转向液状态	
5		观察液压泵工作及打方向时动力转向液状态	
6	助力转向泵	安装位置	
7	转向动力缸	安装位置	
8	转向控制阀	安装位置	

2. 写出排除动力转向系统液压油中空气的步骤。

三、复习思考题

1. 写出动力转向系统的维护作业内容。

2. 液压动力转向系统如何解决在不同行驶速度下提供不同转向助力？

3. 分析下表中的故障原因。

序号	故障现象	故障原因
1	向左、右转向时，都感觉沉重	
2	向左或右转向时，感觉沉重	
3	发动机运转时动力转向传动带发出尖叫声	
4	发动机运转时动力转向泵发出异响	

实训十二　制动系统拆装与调整

姓名：__________　　班级：__________　　日期：__________

一、实训指导

(一) 实训目标

1. 掌握制动系统主要总成、零部件的构造及工作原理；
2. 学会分解、装配和调整车轮制动器；
3. 学会检查、调整制动踏板和驻车制动的自由行程；
4. 了解制动系统主要总成、零件失效可能产生的故障现象及排除方法。

(二) 安全要求及注意事项

1. 正确使用举升机及工量具；
2. 取下制动分泵后，严禁踩制动踏板；
3. 测量制动盘端面圆跳动时，应防止磁性表座、百分表落地；
4. 拆装制动蹄时，防止弹簧飞出伤人；
5. 实训过程中注意制动液的回收；
6. 制动系统放空气时，变速器应空挡。

(三) 设备/工具/耗材要求

设备：桑塔纳 GLi 乘用车、举升机。

工量具：7 mm 内六角扳手、制动钳活塞专用压具、扭力扳手、轮毂盖专用工具 VW637/2. 尖嘴钳、24 mm 套筒扳手、一字起子、11 mm 开口扳手、14 mm 开口扳手、17 mm 开口扳手、10 mm 开口扳手、8 mm 梅花扳手、磁性表座、百分表、直尺、游标卡尺、17 mm 套筒扳手、棘轮扳手、17 mm 车轮扳手。

耗材：放油软管、放油壶、抹布、铁丝。

(四) 实训操作指导

1. 制动器的拆装、检测

1）前轮盘式制动器的拆卸

(1) 松开车轮固定螺栓。

工具：17 mm 套筒扳手

(2) 拆下车轮。

(3) 拆下制动钳上的保持弹簧。

工具：一字起子

(4) 拧下制动钳钳体固定螺栓。

工具：7 mm 内六角扳手、棘轮扳手

(5) 取下制动钳钳体。

(6) 从支架上拆下制动摩擦片。

(7) 将制动钳钳体固定在车身上,防止损坏制动软管。

耗材:铁丝

2) 前轮盘式制动器的检测

(1) 制动盘端面的检测。

检查制动盘端面应平整,不允许有凹槽、凸凹不平或裂纹现象。

如果凹槽较深,应进行车削制动盘端面,如估算加工后的制动盘厚度小于极限值 17.8 mm,应更换新的制动盘。

注意:更换制动盘时,同一轴上的两个制动盘必须同时更换,以确保左、右两轮的制动力相等。

(2) 制动盘端面跳动检测。

将磁性表座吸在前减振器下端。

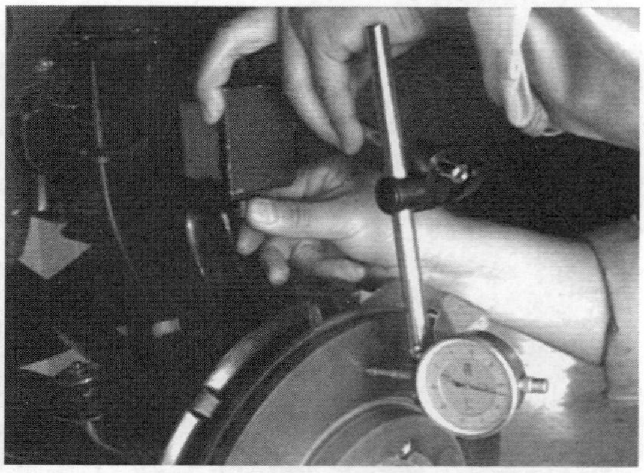

量具:磁性表座、百分表

(3) 调整磁力表座接杆和百分表，使百分表侧头，垂直于制动盘与制动摩擦片的配合端面。

(4) 将百分表归零，推动百分表测头，检查百分表指针是否转动自如。

(5) 再将百分表归零。

(6) 转动制动盘一圈，观察百分表长指针的摆动量，百分表指针的摆动量即为制动盘的端面跳动量，制动盘端面跳动量不大于 0.06 mm，如跳动量超过 0.06 mm，应进行车削加工。如估算加工后的制动盘厚度小于极限值 17.8 mm，应更换新的制动盘。

注意： 更换制动盘时，同一轴上的 2 个制动盘必须同时更换，以确保左、右两轮的制动力相等。

(7) 制动盘厚度的检测。

制动盘使用一定里程或经过车削加工后，应使用直尺测量制动盘的厚度，制动盘的正常厚度为 20 mm，制动盘磨损，或制动盘经过车削加工后，厚度不能小于 17.8 mm，如果制动盘的磨损量超过标准，应更换制动盘。

注意： 更换制动盘时，同一轴上的 2 个制动盘必须同时更换，以确保左、右两轮的制动力相等。

量具：游标卡尺

(8) 制动摩擦片的检测。

汽车作维护作业时，制动效能差或制动时制动器发生尖叫，必须检查制动摩擦片，检查制动摩擦片应使用直尺测量摩擦片的厚度(包括底板)，当制动摩擦片的厚度小于 7 mm 时，应更换新的制动摩擦片。

注意： 更换制动摩擦片时，同一轴上的两侧的制动摩擦片必须同时更换，以确保左、右两轮的制动力相等。

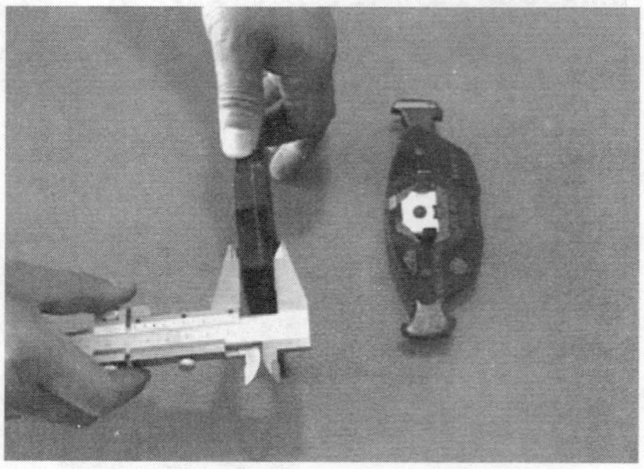

量具：游标卡尺

3) 前轮盘式制动器的安装

(1) 用制动钳活塞专用压具把制动钳活塞压回制动钳钳体内。

注意： 制动液具有毒性和腐蚀性，会损坏油漆，为避免在压回活塞时制动液外溢而损坏油漆，所以在压缩活塞之前应在制动液储液罐中抽出一部分制动液。

工具：制动钳活塞专用压具

(2) 安装左右制动摩擦片。

(3) 安装制动钳钳体。

(4) 旋上制动钳固定螺栓，将可调扭力扳手力矩调整到 70 N·m，用调好的扭力扳手拧制动钳的固定螺栓，听到扭力扳手发出"喀嗒"一声为止。

工具：可调扭力扳手

(5) 安装保持弹簧。

(6) 安装车轮。

4) 后轮鼓式制动器的拆卸

(1) 拆下车轮。

工具　17 mm 车轮扳手

(2) 用专用工具拆下轮毂盖。

工具：轮毂盖专用工具

(3) 拧下六角螺母。

工具：24 mm 套筒扳手

(4) 用一字起子通过制动鼓螺孔向上拨动楔形块,使制动蹄与制动鼓放松。

工具：一字起子

(5) 边旋转边拉出制动鼓,取出外轴承。

(6) 一手抵住定位销,用尖嘴钳夹住弹簧座,压缩弹簧,旋转弹簧座 90°,使定位销的扁头与弹簧座一字槽对齐。

工具：尖嘴钳

(7) 取下弹簧座、弹簧、定位销。

工具：尖嘴钳

(8) 拆下楔形块复位弹簧。

工具：尖嘴钳

(9) 把后轮毂短轴作为支点，用一字起子将制动蹄从下支架撬出。

工具：一字起子

(10) 将 2 个制动蹄从制动底板中拆下。

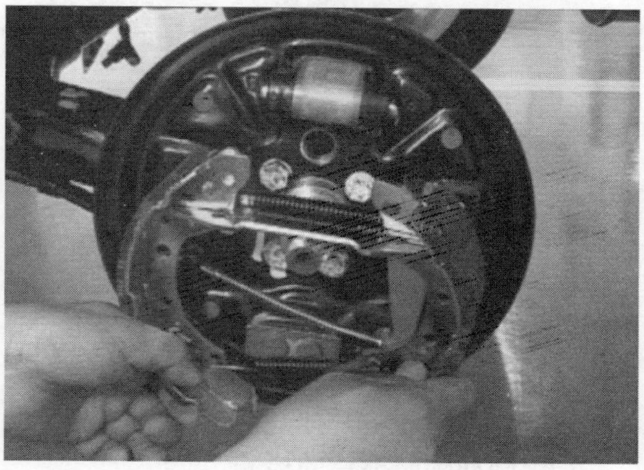

(11) 拆下制动调整弹簧，取下下回位弹簧。

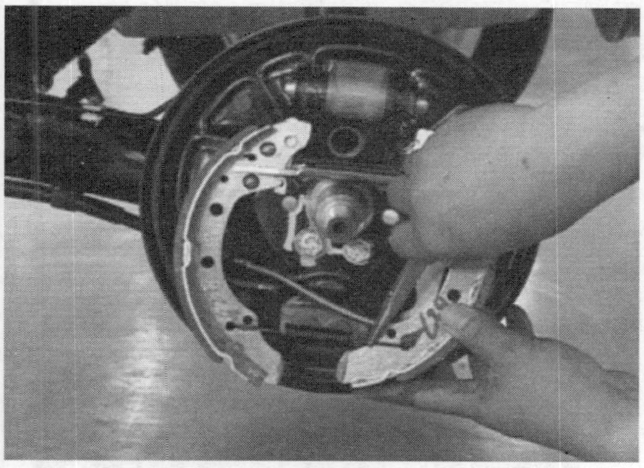

工具：尖嘴钳

(12) 拆下制动杆上面的驻车制动拉索。

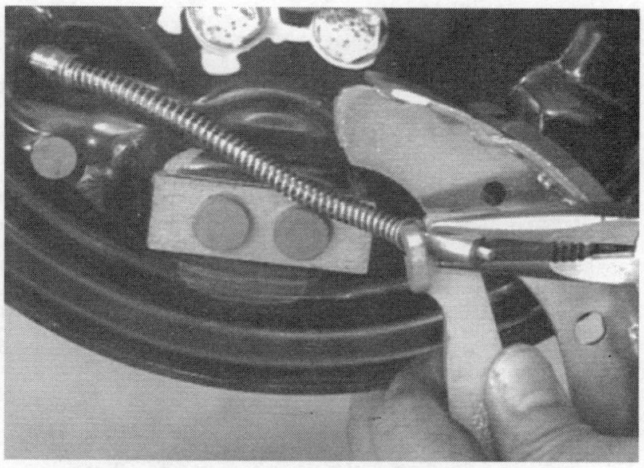

工具：尖嘴钳

(13) 取下制动蹄。

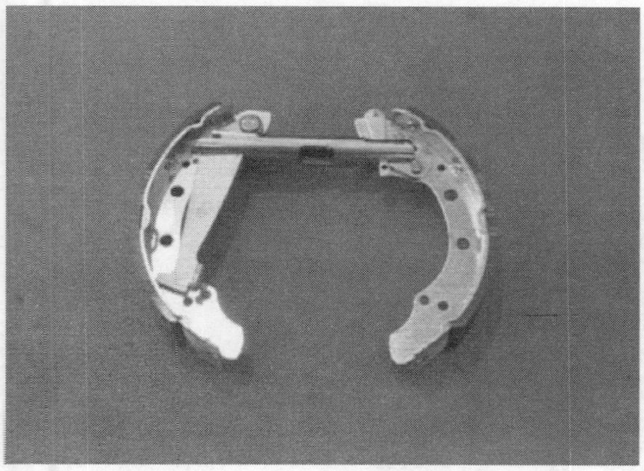

(14) 用钳子将上复位弹簧拉下。

(15) 取出楔形块。

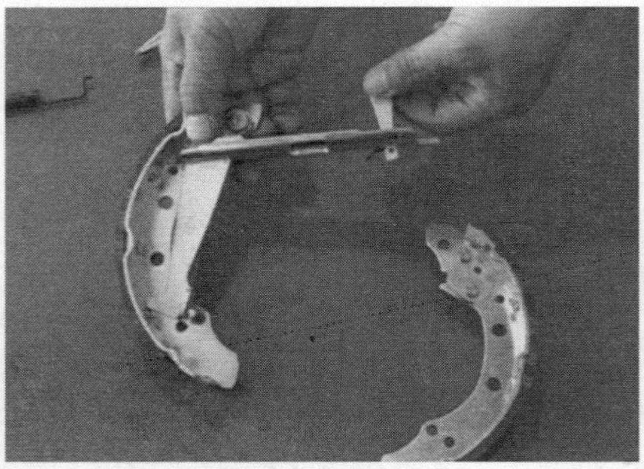

(16) 将前后制动蹄分解。

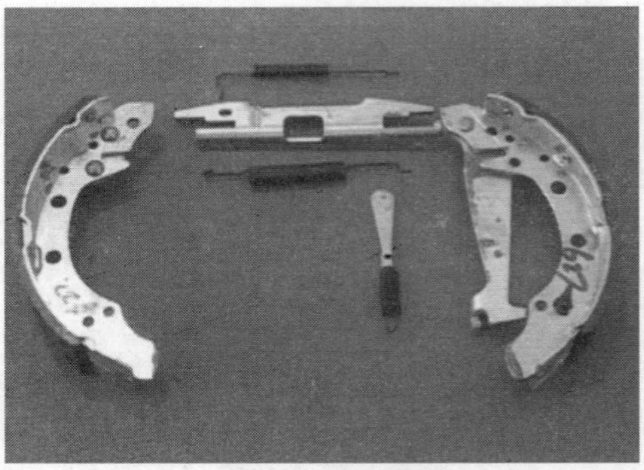

5) 后轮鼓式制动器的检测

(1) 制动蹄摩擦片的检测。

制动时制动器发生尖叫声，表示制动蹄的摩擦片质量差、太硬，必须更换，否则会磨损制动鼓。观察制动蹄摩擦片表面有无被制动液或油脂污损，如有应更换新件。

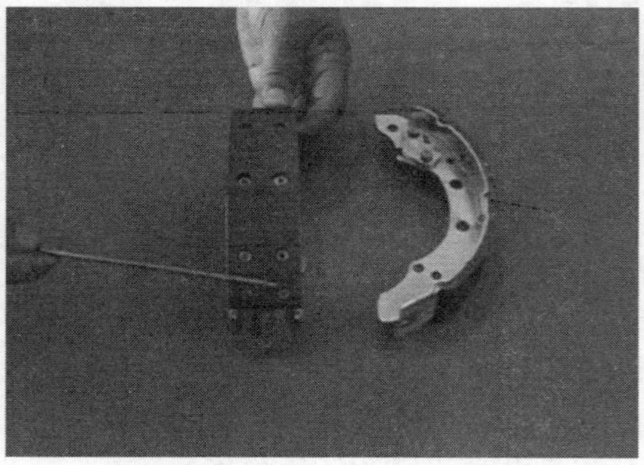

(2) 用直尺测量动蹄摩擦片厚度。

制动蹄摩擦片厚度标准为 5.0 mm，极限为 2.5 mm，如超过磨损极限 2.5 mm，应更换新件。更换摩擦片时，可以连同制动蹄一起更换，也可以只更换摩擦片。

注意：同一轴上的制动蹄应更换型号和质量等级相同的摩擦片。

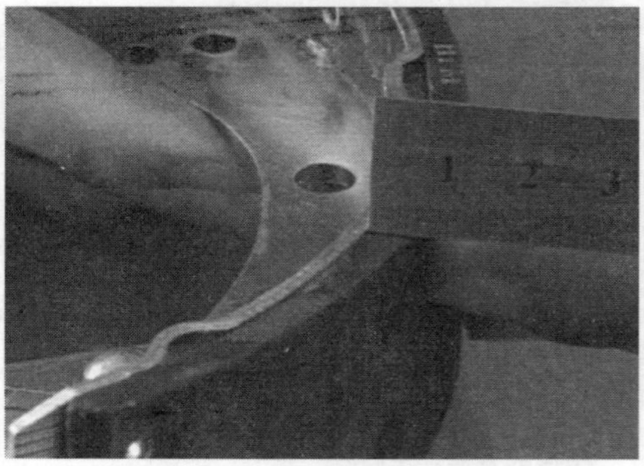

量具：直尺

(3) 后轮制动轮缸的检测。

检查橡胶皮碗是否完好，轮缸有无泄漏。

如果制动轮缸上出现划痕或者锈蚀，应调换整个制动轮缸。

6）后轮鼓式制动器的安装

（1）装上楔形块，凸出一边朝向制动底板。

（2）安装压力杆。

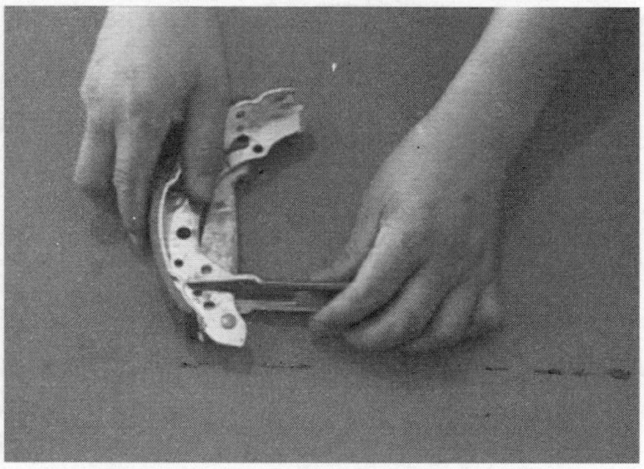

（3）用另一弹簧拉动上复位弹簧上钩，固定压力杆。

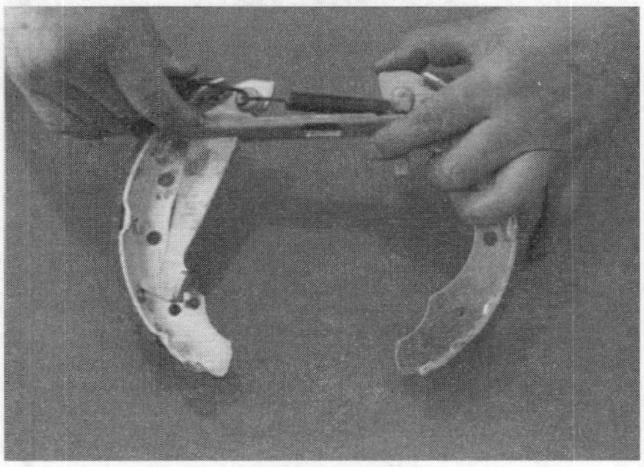

（4）安装楔形块复位弹簧。

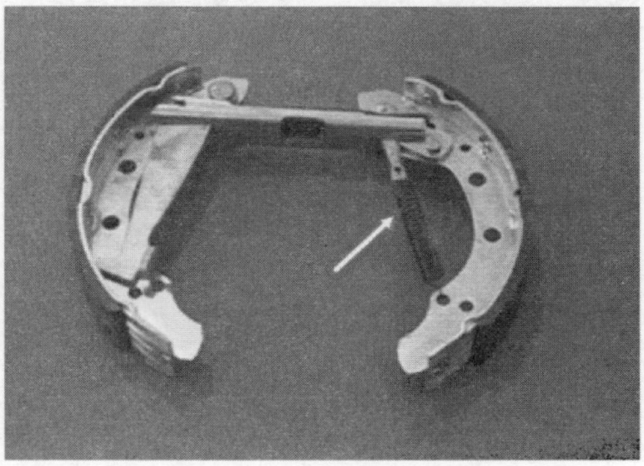

（5）夹住驻车制动拉索，另一端用钳子拉出弹簧 1 cm，将驻车制动拉索装在驻车制动杆上。

工具：尖嘴钳

（6）将前、后制动蹄上端装于分泵凹槽中。

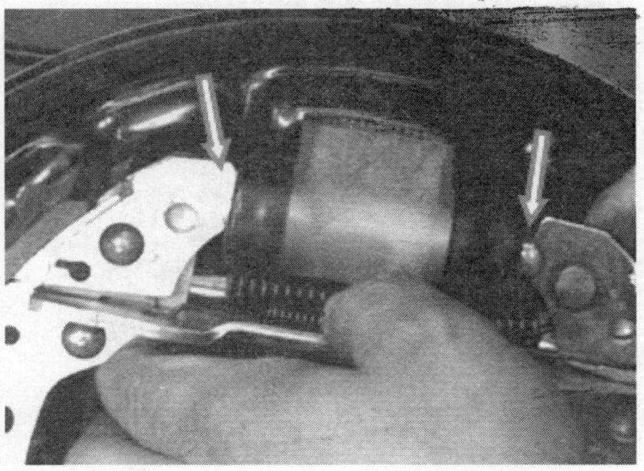

(7) 装下复位弹簧,勾住两制动蹄。

(8) 把后轮毂短轴作为支点,用一字起子将制动蹄撬入下支架内。

工具:一字起子

(9) 使组合后的前、后制动蹄居中。

(10) 将定位销装在制动底板上。

(11) 用手将定位销抵住在制动底板上。

用钳子夹住弹簧座,压缩弹簧,旋转弹簧座90°,使定位销卡在弹簧座槽内。

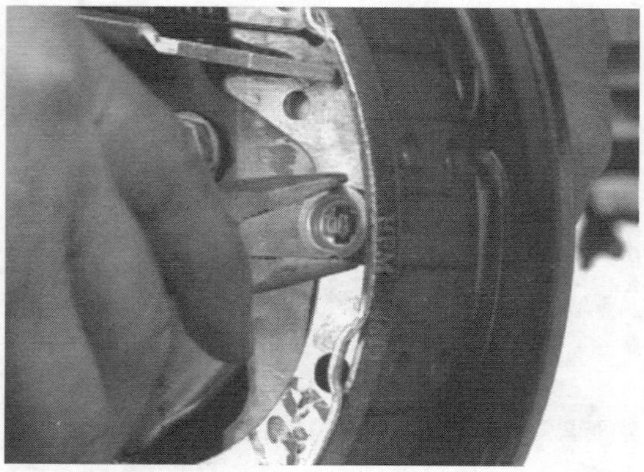

工具:尖嘴钳

(12) 用一字起子将楔形块上挑1 cm。

工具:一字起子

(13) 安装制动鼓。

(14) 将调整螺母拧紧。

工具：24 mm 套筒扳手

(15) 装上轮毂盖。

(16) 安装车轮。

2. 制动传动装置的检修

1) 真空助力器的检查

(1) 踩住制动踏板。

(2) 起动发动机，如果制动踏板下沉，但没有下沉到底，还留有 1/3 左右的行程距离，则说明真空助力器工作正常；如果起动后，制动踏板不下沉，或者下沉到底，则说明真空助力器失效，应更换真空助力器。

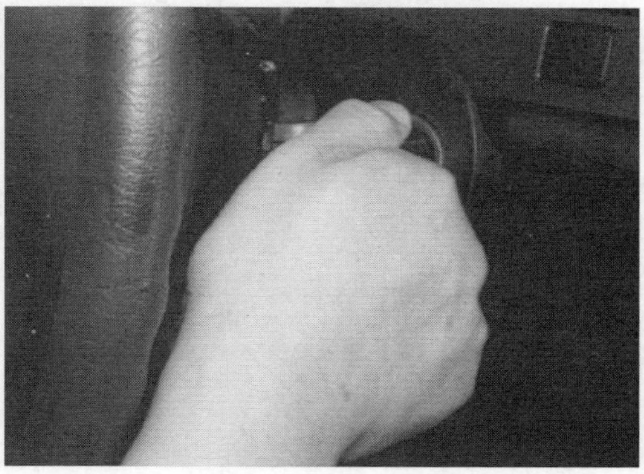

2）真空助力器及制动主缸总成的拆卸

（1）拆下制动踏板与真空助力器压杆连接叉的锁片和销。

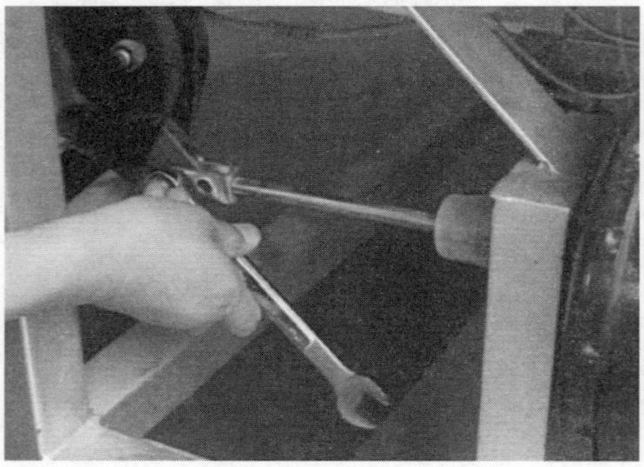

工具：17 mm 开口扳手

（2）拆卸制动主缸上的连接硬管（制动液具有毒性和腐蚀性，会损坏油漆）。

工具：11 mm 开口扳手

（3）拆下真空助力器安装支架的固定螺栓。

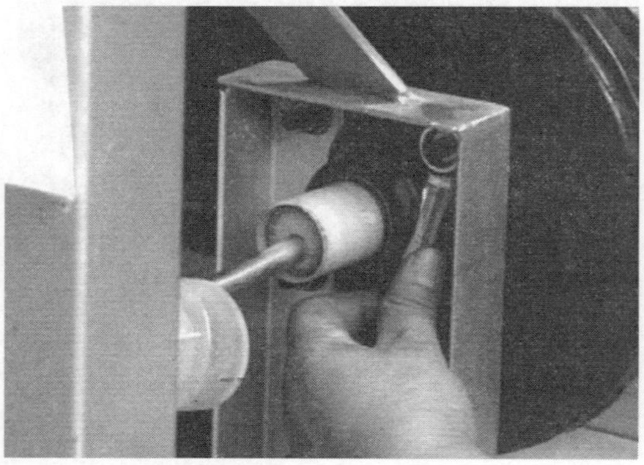

工具：14 mm 开口扳手

（4）拆下真空助力器及制动主缸总成。

3）真空助力器及制动主缸总成的安装

（1）安装真空助力器安装支架的固定螺栓，并将其拧紧。

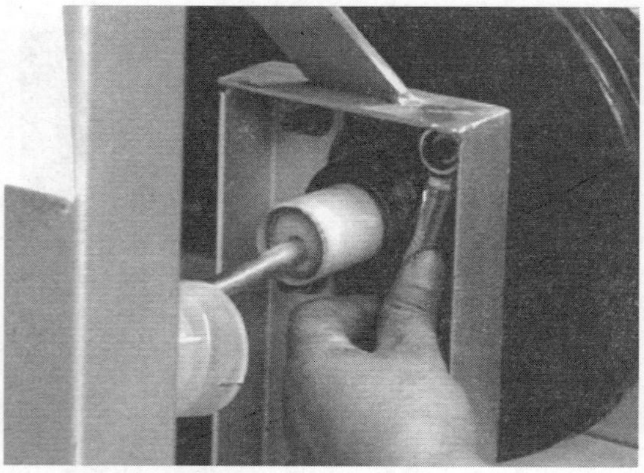

工具：14 mm 开口扳手

（2）接上制动主缸上的连接硬管。

工具：11 mm 开口扳手

(3) 装上制动踏板与真空助力器压杆连接叉的锁片和销。

注意: ① 安装前,旋转真空助力器压杆上的连接叉,使连接叉调整尺寸为 220 mm。

② 加注原厂规定的制动液至“MAX”处,然后进行制动系统放气,并补充制动液至规定值。

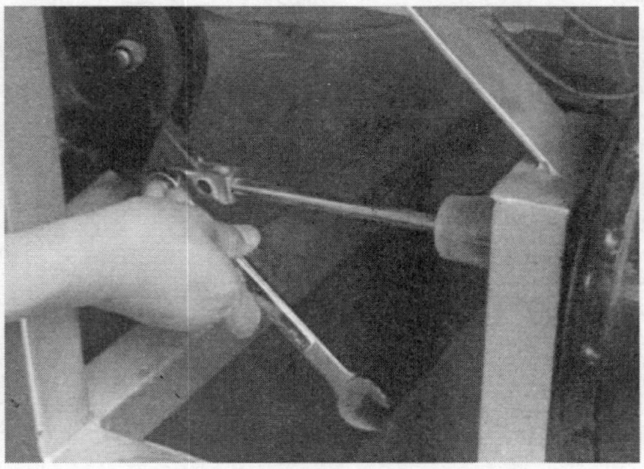

工具: 17 mm 开口扳手

3. 制动系统的使用与维护

1) 驻车制动杆自由行程的检查和调整

注意: 驻车制动杆自由行程为驻车制动杆移动两个齿,当放松驻车制动时,两后轮都能自由转动。如不符合要求,就按照下述方法来进行调整。

(1) 松开驻车制动杆。

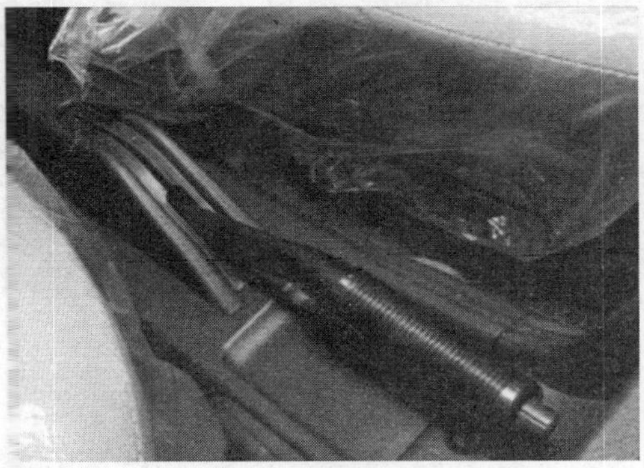

(2) 用力踩下制动踏板。

(3) 把驻车制动拉紧 2 个齿。

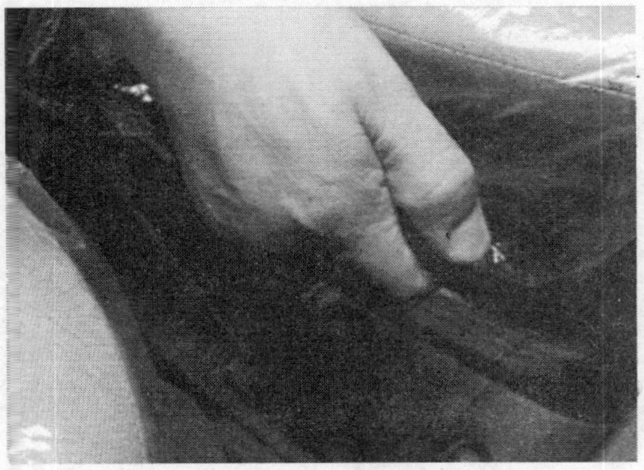

(4)拧紧调整螺母,直到用手不能旋转 2 个被制动的后车轮为止。

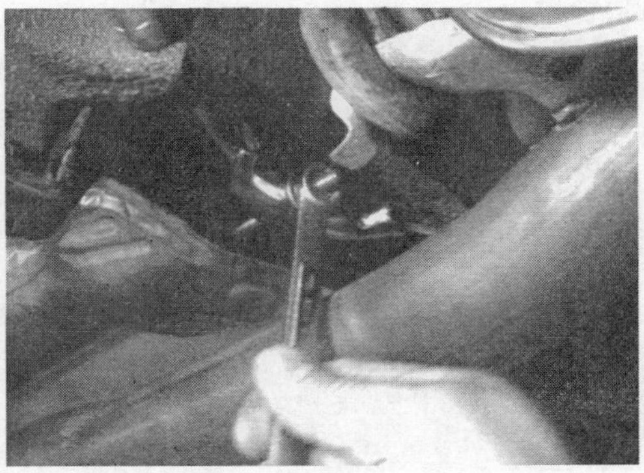

工具: 10 mm 开口扳手

(5) 松开驻车制动杆，两后轮能旋转自如即为调整合适。

2) 制动液的更换

(1) 打开发动机盖。

(2) 旋开制动液储液罐盖。

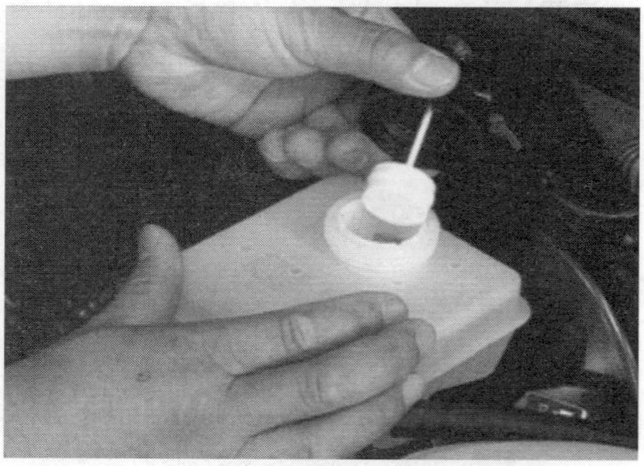

(3) 一个人进驾驶室负责踩制动踏板。

(4) 举升车辆，升至方便于维修人员在车下操作为止。

注意：车辆举升到位锁止举升支臂。

(5) 车下的人取下离制动总泵最远的放气阀螺栓(右后轮放气阀螺栓)的防尘帽。

(6) 用 8 mm 梅花扳手套在放气阀螺栓上。

工具：8 mm 梅花扳手

(7) 将放油软管套在放气阀上。

工具：放油软管

(8) 放油软管接入回收制动液的放油壶中。

工具：放油壶

(9) 将放气阀螺栓拧松，拧松后通知驾驶室的人踩制动踏板。

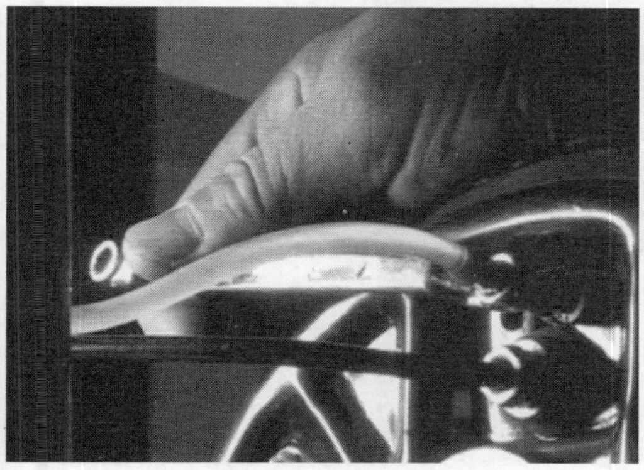

(10) 驾驶室的人连续踩制动踏板，放出制动液。

注意：在放制动液的过程中，需随时旋紧放气阀螺栓，降下车辆观察制动液储液罐中的制动液高度，不能将储液罐内的制动液全部放完，否则制动总泵里面也会有空气进入。

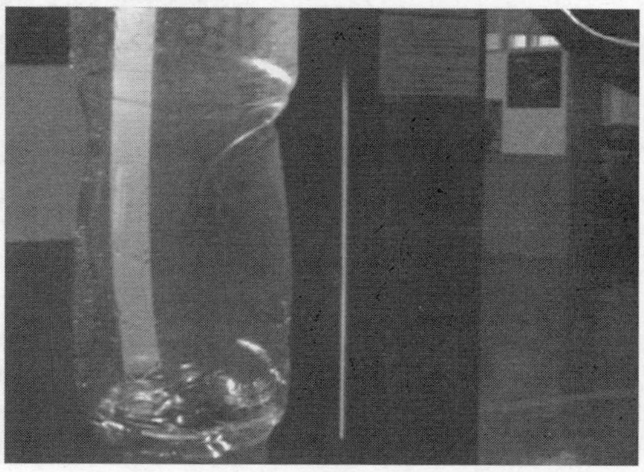

(11) 当制动液储液罐中的制动液还剩一点的时候，加入新的制动液，然后继续排放制动液，车下的人观察右后轮放气阀上的放油软管，当看见放油软管中有新的制动液出来后，通知驾驶室的人停止踩制动踏板。

(12) 将放气阀螺栓拧紧。

工具：8 mm 梅花扳手

(13) 取下放油软管和放油壶。

(14) 然后用相同方法依次对左后轮、右前轮、左前轮排放出新的制动液。

注意： 在整个排放新的制动液的过程中，应随时观察储液罐制动液的液位，及时补充。

(15) 制动液更换完毕后，检查储液罐液面位置，将储液罐制动液的液位加到“MAX”和“MIN”之间的正常位置。

3）制动系统的空气排放

（1）打开发动机盖，检查制动液储液罐液面，并将其加到“MAX”和“MIN”之间的正常位置。

（2）一人进入驾驶室。

（3）举升车辆，升至方便于维修人员在车下操作为止。

注意： 车辆举升到位锁止举升支臂。

（4）制动系统空气排放原则是从离制动液储液罐最远的分泵到最近的分泵（桑塔纳 GLi 乘用车是从右后轮开始），车下的人取下防尘帽。

（5）用 8 mm 梅花扳手套在放气阀螺栓上。

工具：8 mm 梅花扳手

（6）将放油软管套在放气阀上，将放油软管接入回收制动液的放油壶中。

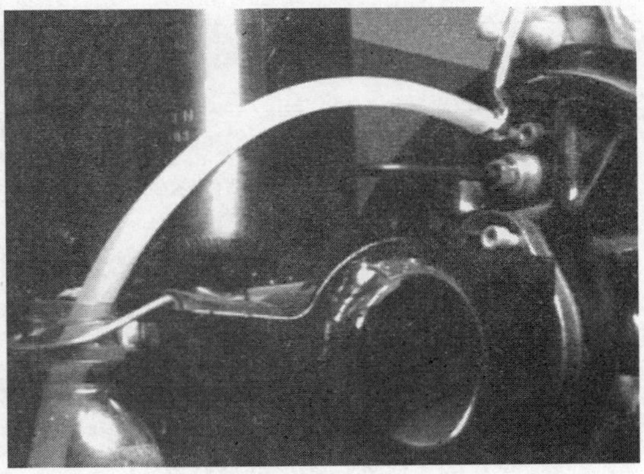

（7）车下的人通知驾驶室的人踩制动踏板，驾驶室的人迅速用力踩下并缓慢放松制动踏板，如此数次后，踩住制动踏板，通知车下的人排放空气。

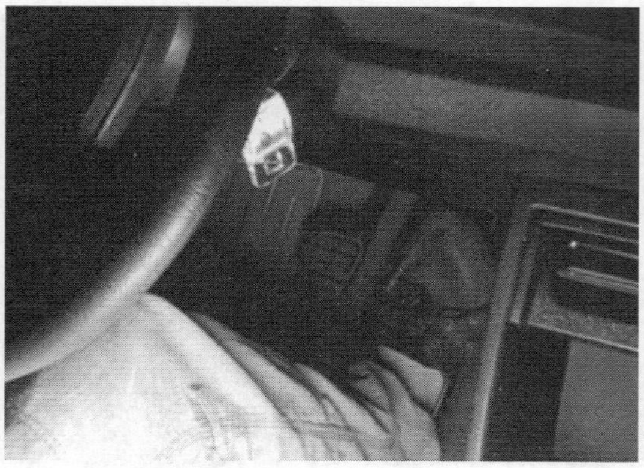

（8）车下的操作人员用 8 mm 梅花扳手拧松放气螺栓，管路中的空气随着制动液顺着放油软管流出。

工具：8 mm 梅花扳手

（9）排除空气后再将放气阀螺栓拧紧，当放气阀螺栓被拧紧后，驾驶室的人才能松开制动踏板。

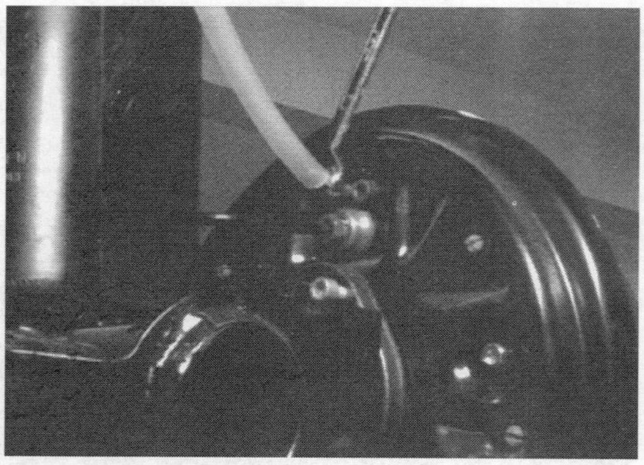

工具：8 mm 梅花扳手

（10）重复上述步骤数次，直至放气软管中制动液里无气泡为止，取下放气软管，套上防尘罩。按照相同方法再依次旋松左后车轮制动轮缸的放气阀螺栓、右前车轮制动钳的放气阀螺栓、左前车轮制动钳的放气阀螺栓，排出制动系统中的空气。

4. 制动系统常见故障的诊断与排除

故障现象	故障原因	排除方法
制动踏板硬，制动不灵	1）真空助力器真空软管松动或软管漏气 2）制动蹄片质量不佳 3）制动蹄弯曲或摩擦片破碎 4）制动钳在导向销上发卡或制动蹄在支撑座底板上发卡 5）制动总泵或各轮分泵活塞黏结或发卡 6）真空助力器单向阀失灵 7）真空助力器内部发卡 8）制动总泵回油孔堵塞	1）紧定连接处或更换漏气软管 2）更换制动蹄片 3）更换制动蹄或摩擦片 4）更换导向销，清除支承座底板锈蚀和污垢，或更换制动底板 5）检查总泵和分泵，必要时进行更换 6）使发动机在 1 500 r/min 转速下熄火，等 2 min 后踩制动踏板，若真空助力器的作用不到两次，说明单向阀损坏 7）检查真空助力器工作情况，如不正常，应更换 8）清洗或更换制动总泵

（续表）

故障现象	故障原因	排除方法
制动踏板硬、制动不灵	9）制动管路堵塞 10）制动皮碗发胀、卡住	9）用高压空气吹通管路，或更换损坏件 10）更换皮碗和制动液
制动踏板软有弹性	1）液压系统中有空气 2）制动蹄弯曲变形 3）前轮摩擦片与制动盘或后轮蹄片与鼓没有完全贴合 4）后轮制动器调整不当	1）排除空气 2）更换制动蹄 3）进行修磨，使其完全贴合 4）重新调整
制动踏板高度低	1）制动间隙自动调整失灵，使蹄片与鼓间隙增大 2）后轮制动蹄片磨损严重 3）制动蹄弯曲变形 4）制动液中有空气 5）液压系统渗漏 6）制动总泵活塞密封圈磨损或泵缸刮伤、磨损或锈蚀 7）制动钳与导向销接合面锈蚀	1）开车前进和后倒并用制动停车，可自动调节。仍不能调整时，则应调整蹄片与鼓的间隙 2）更换制动蹄片 3）更换制动蹄 4）排除空气 5）检查总泵、分泵及管路，修理或更换损坏件 6）更换总泵或密封圈 7）除锈蚀
制动器发咬	1）真空助力器内部发卡 2）驻车制动调整不当或发卡 3）制动器复位弹簧过软或损坏 4）制动总、分泵活塞发卡 5）制动总泵回油管堵塞 6）摩擦片破碎或松动 7）制动钳的固定螺栓松动 8）后轮制动底板松动 9）制动踏板无自由行程 10）制动踏板复位不良 11）制动皮碗发胀或发卡 12）制动摩擦片与鼓（盘）间隙过小或没有间隙 13）前轮制动盘变形，工作中偏摆	1）更换 2）调整手制动拉线，更换发卡拉线 3）更换复位弹簧 4）更换总、分泵 5）用高压空气吹通，严禁用金属丝通回油孔 6）更换制动蹄或摩擦片 7）紧固松动的螺栓 8）紧固底板的固定螺栓 9）进行调整 10）及时修复 11）更换制动泵或皮碗 12）调整间隙 13）应予修磨
制动跑偏	1）左、右制动盘与摩擦片或左、右鼓与蹄间隙不一致 2）同轴两轮摩擦片材质不同 3）个别车轮的摩擦片与鼓（盘）接触面不良或有油、水 4）一侧制动钳固定支架松动 5）一侧制动钳活动发卡 6）车轮轴承磨损或损坏 7）左、右两车轮的气压及磨损情况不均 8）前轮定位失准 9）个别减振器工作不良	1）进行调整 2）更换同质量摩擦片 3）修磨接触面，清除油、水 4）紧固松动螺栓 5）检修或更换制动钳 6）更换车轮轴承 7）调整轮胎气压，更换轮胎 8）调整前轮定位 9）检修或更换减振器

（续表）

故障现象	故障原因	排除方法
制动时有异响	1）制动摩擦片严重磨损或硬化、松动 2）制动蹄复位弹簧折断 3）制动盘或鼓破裂，磨出沟痕 4）制动蹄变形 5）制动盘表面锈蚀 6）制动钳上有毛刺或生锈	1）更换摩擦片 2）更换复位弹簧 3）修磨或更换制动盘或鼓 4）更换制动蹄 5）清洁除锈 6）清除毛刺和生锈
制动时发抖	1）制动鼓或盘变形不圆 2）制动蹄变形、摩擦片打滑 3）分泵有故障 4）制动盘摩擦片发卡 5）真空助力器有故障	1）修磨或更换制动盘或鼓 2）更换制动蹄或摩擦片 3）检修分泵 4）修整或更换摩擦片 5）修复或更换真空助力器

（五）技术要点

1. 拆卸前轮制动钳时，制动软管不能扭曲，以免损坏制动软管。

2. 制动液具有毒性和腐蚀性，会损坏油漆，在压制动钳活塞时，为避免制动液外溢而损坏油漆，在压缩活塞之前应在制动液储液罐中抽出一部分制动液；在拆卸制动主缸连接硬管时，应在制动主缸下方放好容器接收制动液。

3. 更换制动盘或制动摩擦片时，同一轴上的 2 个制动盘、制动摩擦片必须同时更换，以确保左、右两轮的制动力相等。

4. 同一轴上的制动蹄应更换型号和质量等级相同的摩擦片。

6. 制动系统的放气时，按照右后车轮制动轮缸、左后车轮制动轮缸、右前车轮制动轮缸、左前车轮制动轮缸的顺序对各轮缸放气。

7. 制动钳固定螺栓，拧紧力矩为 70 N·m。

二、工作页

1. 写出盘式制动器的拆装步骤。

2. 写出鼓式制动器的拆装步骤。

3. 写出制动系统排空气的步骤。

4. 检测盘式制动器、鼓式制动器，将检测结果填入下表。

测量项目/mm	标准值	测量值	处理意见
制动盘的端面跳动量			
制动盘厚度			
摩擦片厚度			
制动蹄片厚度			

三、复习思考题

1. 拆卸摩擦片的过程中，为何要用铁丝固定制动钳？

2. 如何检测制动盘的端面跳动量?

3. 简述盘式制动器的检测项目。

4. 简述后轮鼓式制动器的检查项目。

5. 造成汽车制动跑偏的故障原因有哪些?

实训十三　防抱死制动系统(ABS)的检修

姓名：__________　　班级：__________　　日期：__________

一、实训指导

(一) 实训目标

1. 熟悉防抱死制动系统的基本组成及安装位置；
2. 学会使用解码器诊断防抱死制动系统的故障；
3. 学会使用万用表检测轮速传感器线圈阻值和交流信号电压；
4. 学会分析防抱死制动系统常见故障的产生原因及排除方法。

(二) 安全要求及注意事项

1. ABS台架运行时不能将手伸入台架内；
2. 举升机举升汽车前必须确认4个举升托架放在汽车的规定位置；
3. 举升机工作时人不能站在汽车底部；
4. 举升机举升到位后必须确保安全锁定机构起作用；
5. 实训汽车停在实训工位上，没有经过老师批准不准起动；启动后，首先应先检查车轮的安全顶块是否放好，汽车手制动是否拉好，排挡杆是否放在P挡(A/T)或空挡(M/T)，车前应无人；
6. 汽车举升后，坐在驾驶室操作汽车起动、加速动作的学生，必须听从站在汽车底部的安全员的命令和指挥，在汽车下面用万用表检测各轮速传感器的学生要注意安全操作，不能嘻闹；
7. 点火开关接通时，不能连接或拔下检测仪的诊断接插件，以防损坏检测仪器；
8. 万用表功能档位开关必须放置正确的位置，以防损坏万用表。

(三) 设备/工具/耗材要求

设备：用于检测的轮速传感器零件一个，桑塔纳乘用车ABS台架一台，或桑塔纳2000型乘用车一辆，或配置ABS系统的其他乘用车一辆(根据在实车上检测轮速传感器需要确定)。

工具：5 mm内六角扳手、棘轮扳手、接杆、10 mm开口扳手。

仪器：解码器一台、万用表一个。

耗材：无。

(四)实训操作指导

1. 认知防抱死制动系统的基本组成及安装位置

防抱死制动系统由常规制动系统和控制系统两部分组成。桑塔纳 2000 ABS 控制系统由 ABS 控制器、自诊断插口、ABS 警告灯 K47、制动系统警告灯 K118、后轮转速传感器 G44/G46、制动灯开关 F、前轮转速传感器 G45/G47 等组成。

ABS 控制器

自诊断插口

ABS 警告灯 K47

制动系警告灯 K118

后轮转速传感器 G44/G46 和轮速传感器信号盘

前轮转速传感器 G45/G47

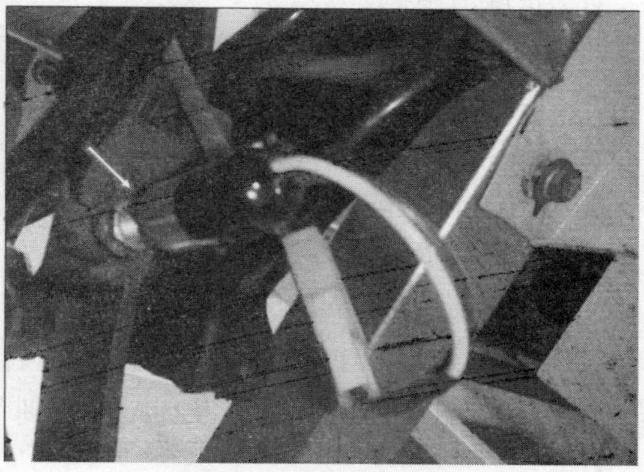

制动灯开关 F

2. 使用解码器检测 ABS 制动控制系统

1) 检测条件

(1) 所有车轮上必须安装规定的相同尺寸轮胎,轮胎气压要符合规定;

(2) 常规制动系统的制动灯开关、制动灯等都应正常;

(3) 制动系统的液压管和管接头不能有泄漏;

(4) 车轮轴承和轴承间隙正常;

(5) 大众桑塔纳乘用车的控制单元 J104 线束接插件连接牢固;

(6) 所有熔断丝完好;

(7) 供电电压正常(最低 10.5 V)。

2) 连接解码器

(1) 点火开关断开;

(2) 将 X－431 解码器诊断接插件与车上诊断接口相连接(在实车上先把换挡杆座防尘罩取下);

(3) 打开点火开关。

3) 解码器的操作步骤

(1) 进入 ABS 制动系统

① 按"POWER"键打开解码器;

② 点击左下角"开始";

③ 在"开始"菜单中选择"诊断程序"→"汽车解码程序";

④ 点击"开始";

⑤ 选择"上海大众";

⑥ 选择"上海大众 V18.00 全系统"后点击"确定";

⑦ 进入"系统及 SMART BOX 初始化"界面,点击"确定";

⑧ 进入"选择"菜单后,点击"大众通用系统"→"快速数据流诊断"→"非 CAN BUS 系统"→"03 刹车系统";

⑨ 进入"刹车系统"后,点击"是";

⑩ 进入"电脑型号"界面后,点击"确定"。

(2) 读取故障码

① 进入"诊断系统"界面,点击"02 读取故障代码";

② 屏幕显示故障代码或无故障;

③ 退出读取故障码功能,点击"后退"。

(3) 清除故障码

① 返回“诊断系统”界面后，点击“05 清除故障代码”→“是”；

② 如果故障代码清除不了，ABS 警告灯会常亮不能熄灭，说明此故障还存在，需要排除故障，如果故障代码被清除了，说明此故障是偶发故障或历史故障码；

③ 退出清除故障码功能，点击“后退”。

(4) 读取数据流

① 在“诊断系统”界面点击“读测量数据流”。

② 输入通道号 001(即读取第一组数据)后，点击“确定”。

屏幕显示 4 个车轮的动态转速(ABS 实训台上操作)。

注：

a) 在实训台上可显示 4 个车轮的动态转速。

b) 在实训中心的整车上读取车轮转速数据流，先用举升机将整车升起，启动发动机，挂挡，使 2 个驱动前轮旋转，此时可读取 2 个驱动前轮的转速，由于后轮不着地，所以不能读取 2 个后轮的转速。

c) 只有在行驶中才能同时读取 4 个轮速信号。

d) 汽车行驶中显示 4 个车轮的轮速，规定 2 个前轮误差不能大于 6 km/h，两个后轮误差不能大于2 km/h。

③ 用举升机将整车升起，挂空挡，接通点火开关，点击“下翻页”，进入 002 页面(即读取第二组数据)，用手分别转动 4 个前轮，可分别读取车辆静态时的 4 个车轮的转速。

④ 点击“下翻页”，进入 003 页面(即读取第三组数据)，屏幕显示制动灯开关情况，不踩制动踏板，制动开关触点分开，数值显示“0”，踩下制动踏板，制动开关触点闭合，数值显示“1”，如显示数值不符合上述标准，表示制动开关或相关线路有故障。

⑤ 退出读测量数据流功能，点击“后退”。

(5) 退出系统，关闭解码器

① 点击“开始”，在开始菜单中选择“关闭”，点击“是”，确认关闭解码器；

② 关闭点火开关；

③ 从诊断座上拔下诊断接插件。

4) 使用万用表检测轮速传感器线圈阻值和交流信号电压

(1) 使用万用表检测轮速传感器线圈阻值

① 将万用表转到欧姆“2K”。

② 将轮速传感器的线束接插件拔下。

注：不能拉线束拔接插件。

③ 用 5 mm 内六角扳手拆下轮速传感器。

④ 用万用表测量传感器的两个端子，前后轮线圈正常阻值均为 1.0～1.3 kΩ 左右，若信号电阻值没有或不正常，则应更换该轮速传感器，如传感器头脏污应清洗。

(2) 使用万用表检测轮速传感器交流信号电压

① 将万用表转到交流电压“2V”档。

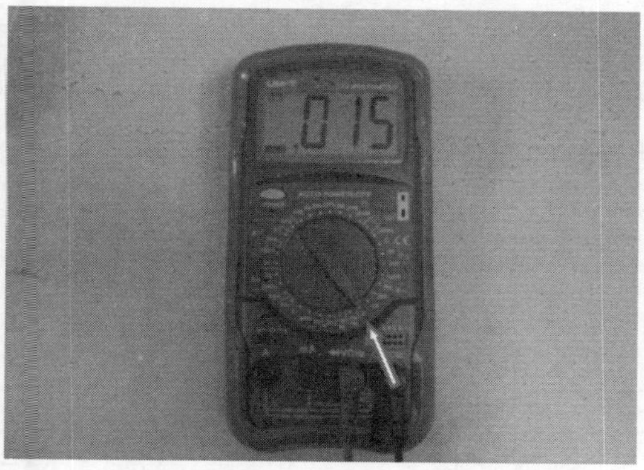

② 将轮速传感器的线束接插件拔下。

注：不能拉线束拔接插件。

③ 转动车轮，用万用表测量传感器的两个端子。当车轮以约 1 r/s 的速度转动时，前轮传感器正常电压值为 70 mV～310 mV，后轮传感器正常电压为 190 mV～1 140 mV，若信号电压值没有或过小，应检查轮速传感器、齿圈、传感器与齿圈的间隙。

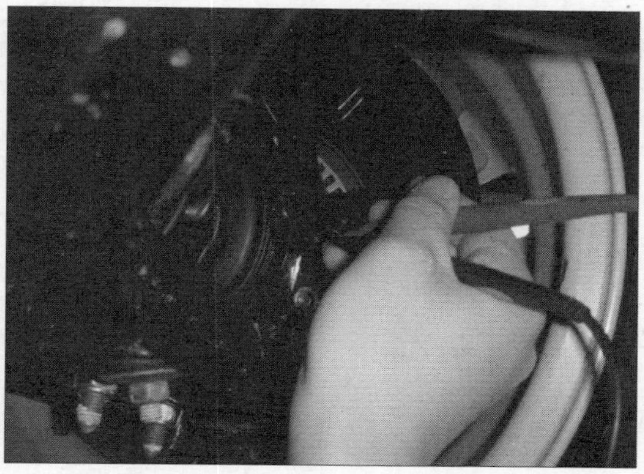

注：

a）上述检测可在实训台上做，也可在整车上做。

b）万用表转到交流电压“2V”挡，用万用表放置在轮速传感器的两个端子，用一个金属片在距传感器顶端 2～3 mm 左右晃动，此时应显示有交流信号，信号的大小与晃动速度及间歇有关。

清洗信号齿圈的方法：举升机升起车辆，拆下轮速传感器，用气枪对着轮速传感器的安装孔，一边用手转动车轮，一边用高压空气吹洗信号齿圈，将信号齿圈上的脏污物冲洗干净。

（五）技术要点

1. 点火开关接通时，不能连接或拔下元器件，以防损坏元器件；
2. 点火开关接通时，不能连接或拔下诊断仪的诊断接插件，以防损坏诊断仪；
3. 实车上检测轮速传感器的交流信号电压时，注意转动的车轮，以防伤人；
4. 用高压空气吹洗信号齿圈，应注意佩戴安全目镜。

二、工作页

1. 观察认识防抱死制动系统的组成部件及其安装位置，在下面实车平面图中，标出 ABS ECU 的位置、轮速传感器、液压调节装置、制动总泵、制动分泵和制动管路的安装位置。

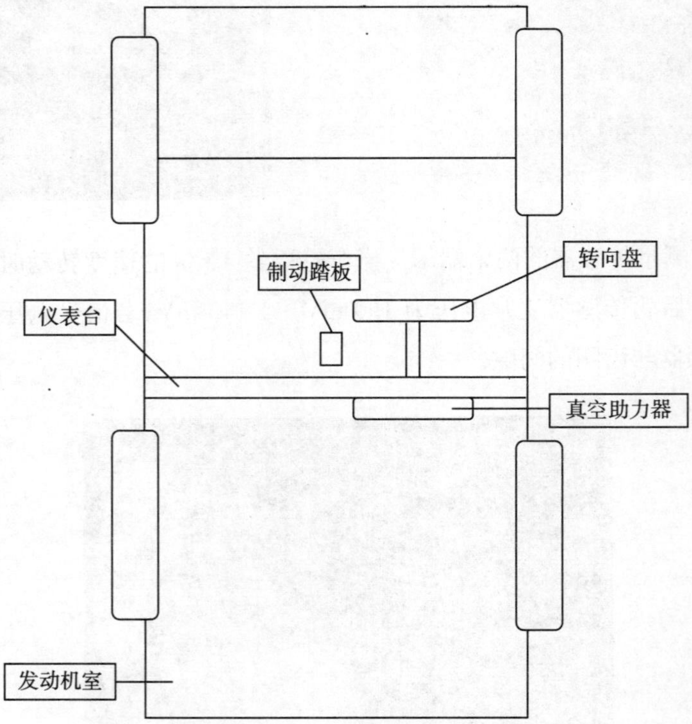

2. 根据观察内容回答下列问题

1) 点火开关ON，观察仪表板上的ABS警告灯

(1) ABS警告灯图符：

(2) ABS警告灯颜色：

(3) ABS警告灯 在点火开关ON ________秒后熄灭

起动后熄灭

2) 点火开关ON，观察仪表板上的制动警告灯

(1) 制动警告灯图符：

(2) 制动警告灯颜色：

(3) 制动警告灯 在点火开关ON ________秒后熄灭

起动后熄灭

3) 点火开关ON，观察仪表板上的驻车警告灯

(1) 驻车警告灯图符：

(2) 驻车警告灯颜色：

(3) 驻车警告灯 在拉上驻车手把(或踩下驻车踏板)后点亮

点火开关ON ________秒后熄灭

起动后熄灭

4) 所有车轮上必须安装规定的相同尺寸轮胎，轮胎气压要符合规定；

实训的车轮轮胎胎压标准应是____。

5) 制动系统的液压管和管接头不能有泄漏；

实训的车辆制动系统的液压管和管接头是否有泄漏________________________________。

6) 车轮轴承和轴承间隙应正常；

实训的车轮轴承和轴承间隙标准是____。

3. 使用万用表和解码器检测ABS制动控制系统，根据检测结果回答下列问题：

(1) 不用诊断仪，通过观察________________________就可以知道ABS系统是否正常，是否存在当前故障码。

(2) 用解码器检测ABS制动控制系统，存在________________________故障代码，该故障代码表示________________________故障。(教师首先设置故障)

(3) 用万用表和解码器检测轮速传感器的阻值和信号，并填入下表(实训台操作)。

轮速传感器	左前轮	右前轮	左后轮	右后轮
万用表检测阻值/Ω				
解码器检测________ km/h 时的信号				
是否正常	正常　不正常	正常　不正常	正常　不正常	正常　不正常

(4) 用示波器检测轮速传感器信号，并填入下表(实训台操作，检测与维修专业操作)。

轮速传感器	左前轮	右前轮	左后轮	右后轮
______ km/h 时的信号波形				
是否正常	正常 不正常	正常 不正常	正常 不正常	正常 不正常

注： 示教板操作时不依据 km/h 车速，仅控制电机的某个转速。

4. 清洗 ABS 轮速传感器的信号盘，并写出操作步骤。

5. 对大众车 ABS 制动系统更换制动液，并写出操作步骤。

三、复习思考题

1. ABS 防抱死制动系统由哪些部件组成？

2. 检测仪器显示防抱死制动系统无法通讯，故障原因是什么？

3. 防抱死警告灯在行驶中点亮,故障原因有哪些?

4. 用直流电压档和交流电压档分别测量某轮速传感器的信号,检测结果有何区别?为什么?

5. 读桑塔纳2000 ABS系统电路图,回答下列问题:

(1) ABS ECU共有________根电源线,其中________根常电源线,________根点火开关电源线。ABS ECU的________引脚是常电源线,________引脚是点火开关电源线。

(2) ABS ECU共有________根接地线,________引脚是接地线。

(3) 将四个ABS轮速传感器的导线颜色及对应ECU的引脚填入下表。

轮速传感器	左前		右前		左后		右后	
导线颜色								
ECU引脚								

6. 脱开制动液油壶上的制动液位传感器的接插件,接通点火开关,ABS警告灯、制动警告灯和驻车警告灯如何显示?将结果填入下表(利用课余时间操作)。

警告灯	拔开制动液油壶上的制动液位传感器的接插件	脱开ABS某个轮速传感器的接插件	脱开ABS______号熔断丝	脱开制动踏板开关
ABS警告灯	正常 常亮 一直不亮	正常 常亮 一直不亮	正常 常亮 一直不亮	正常 常亮 一直不亮
制动警告灯	正常 常亮 一直不亮	正常 常亮 一直不亮	正常 常亮 一直不亮	正常 常亮 一直不亮
驻车警告灯	正常 常亮 一直不亮	正常 常亮 一直不亮	正常 常亮 一直不亮	正常 常亮 一直不亮

附录：

大众 MARK－Ⅱ ABS控制系统故障名称、故障原因与排除方法

故障名称	可能的故障原因	故障的排除
未发现故障	＊ 如果在维修完毕后，用故障阅读器查询后未发现故障，自诊断结束。 ＊ 如果屏幕中显示出“未发现故障”，但 ABS 系统不能正常工作，则应按以下步骤操作： 1. 以大于 20 km/h 的车速，进行紧急制动试车； 2. 重新用解码器查询故障，仍无故障显示； 3. 在无自诊断的情况下着手寻找故障，全面进行电气检查	
汽车 30 号线终端电压信号超差	电压供应线路、连接接插件、熔断丝故障	检查控制单元供电线路、熔断丝和连接接插件
左前转速传感器－G47 故障	触点开路或松动： ＊ 转速传感器导线 ＊ 连接接插件 ＊ 转速传感器线圈 传感器电路短路 转速传感器和齿圈的间隙超差（信号不正常）	—检查转速传感器与控制单元的线路和连接接插件 —检查转速传感器和齿圈的安装间隙 —读测量数据流
右前转速传感器－G45 故障	触点开路或松动： ＊ 转速传感器导线 ＊ 连接接插件 ＊ 转速传感器线圈 传感器电路短路 转速传感器和齿圈的间隙超差（信号不正常）	—检查转速传感器与控制单元的线路和连接接插件 —检查转速传感器和齿圈的安装间隙 —读测量数据流
右后转速传感器－G44 故障	触点开路或松动： ＊ 转速传感器导线 ＊ 连接接插件 ＊ 转速传感器线圈 传感器电路短路 转速传感器和齿圈的间隙超差（信号不正常）	—检查转速传感器与控制单元的线路和连接接插件 —检查转速传感器和齿圈的安装间隙 —读测量数据流
右后转速传感器－G46 故障	触点开路或松动： ＊ 转速传感器导线 ＊ 连接接插件 ＊ 转速传感器线圈 传感器电路短路 转速传感器和齿圈的间隙超差（信号不正常）	—检查转速传感器与控制单元的线路和连接接插件 —检查转速传感器和点圈的安装间隙 —读测量数据流
ABS 液压泵－V64 信号超差	电动马达与控制单元连接线路对正或对地短路及开路 液压泵马达故障	—检查线路

(续表)

故障名称	可能的故障原因	故障的排除
控制单元	控制单元故障	更换控制单元
控制单元编码不正确	控制单元 25 针接插件触点 6 和 22 之间的桥接的开路或短路	检查接插件线束的线路
ABS 工作信号超差	从外界干涉信号源的电气干涉(高频发射,例如:非绝缘的点火电缆线)	检查步骤: —检查所有线路连接对正或对地的短路 —清除故障储存 —车速大于 20 km/h 的紧急制动试车 —再次查询故障储存

说明:

1. 显示某 ABS 元件损坏,除了该元件损坏之外,还可能是相关的接插件、导线和接地连接。

2. 排除 ABS 系统故障后,用故障阅读仪清除故障码,观察仪表板上的 ABS 警告灯。如 ABS 警告灯熄灭,说明 ABS 系统正常;如 ABS 警告灯依然点亮,说明 ABS 系统依然存在故障。行驶中 ABS 灯点亮的故障排除后,应路试检查 ABS 灯是否点亮,以判断 ABS 系统依然存在故障。

实训十四　牵引力和稳定性控制系统认识

姓名：＿＿＿＿＿＿　班级：＿＿＿＿＿＿　日期：＿＿＿＿＿＿

一、实训指导

（一）实训目标

1. 认知牵引力控制 ASR 系统的基本组成元件及安装位置；

2. 认知电子稳定控制 ESP 系统的基本组成元件及安装位置。

（二）安全要求及注意事项

1. 举升机举升汽车前必须确认四个举升托架放在汽车的规定位置；

2. 举升机工作时人不能站在汽车底部；

3. 举升机举升到位后必须确保安全锁定机构起作用。举升机工作时人不能站在汽车底部；

4. 实训汽车停在实训工位上，没有经过教师批准不准起动和移动车辆。启动后，首先应先检查车轮的安全顶块是否放好、汽车手制动是否拉好、车前应无人；驾驶车辆应由教师完成。

（三）设备/工具/耗材要求

设备：帕萨特领驭 1.8T 乘用车一辆或其他配置牵引力和稳定性控制系统的车辆。

工具/仪器/耗材：无。

（四）实训操作指导

1. 认知牵引力控制系统的基本组成元件及安装位置

汽车牵引力控制系统由液压控制单元、轮速传感器、牵引力控制开关、牵引力控制警报灯等元件组成。

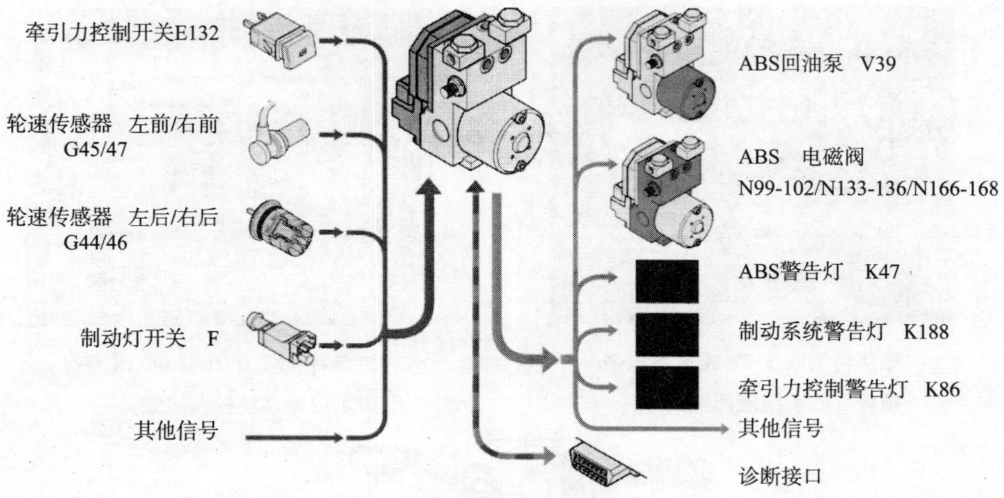

牵引力控制系统组成图

2. 认知电子稳定控制系统的基本组成元件及安装位置

汽车电子稳定控制系统由液压控制单元、轮速传感器、转向盘角度传感器、侧向加速度、横摆率传感器、电控单元等元件组成。

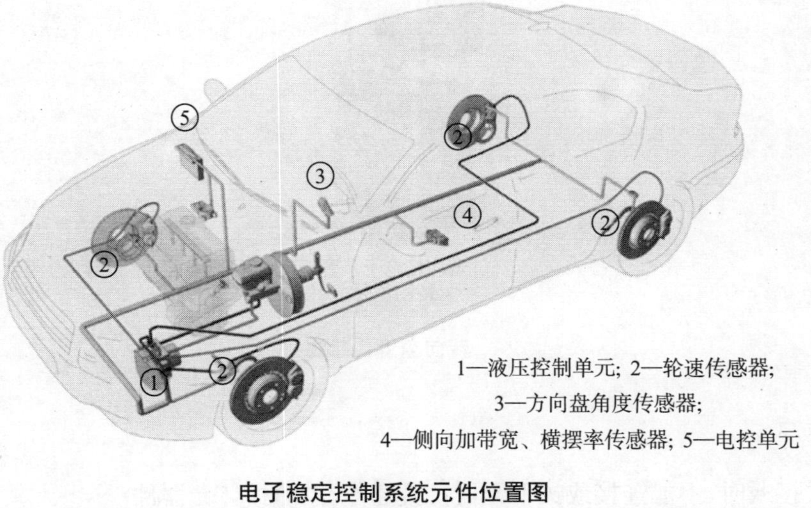

电子稳定控制系统元件位置图

电子稳定控制系统元件图

帕萨特领驭 1.8T 乘用车发动机舱

帕萨特领驭 1.8T 乘用车电子稳定控制系统液压控制单元

帕萨特领驭 1.8T 乘用车电子稳定控制系统控制按钮

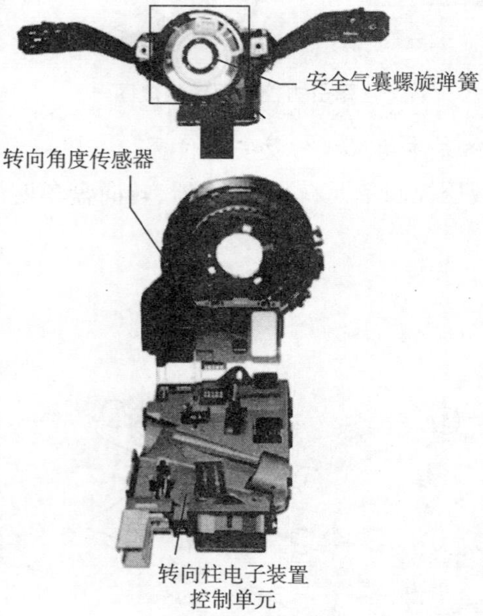

转向角度传感器

(五) 技术要点

1. 点火开关接通时，不能连接或拔下元器件接插件，以防损坏元器件；
2. 点火开关接通时，不能连接或拔下诊断仪的诊断接插件，以防损坏诊断仪；
3. 拆下转向开关总成后，不能按下安全气囊螺旋弹簧锁止按钮，以防损坏安全气囊螺旋弹簧。

二、工作页

1. 实训车型 1：______________________

	制动 警告灯	ABS 警告灯	ESP 警告灯	ASR 警告灯
图符				

(续表)

	制动 警告灯	ABS 警告灯	ESP 警告灯	ASR 警告灯
组成				
作用				

2. 实训车型 2：________________

	制动 警告灯	ABS 警告灯	ESP 警告灯	ASR 警告灯
图符				
颜色				
组成				
作用				

三、复习思考题

1. ASR 与 ABS 有何异同？

2. ESP 必须包括哪四种传感器？

3. ABS 控制单元有故障时 ASR 和 ESP 系统能否工作？为什么？

实训十五　汽车底盘竣工验收

姓名：__________　　班级：__________　　日期：__________

一、实训指导

(一) 实训目标

1. 了解汽车底盘进厂检验的基本内容；
2. 了解汽车底盘的修竣技术条件；
3. 掌握汽车底盘的修竣检验。

(二) 安全要求及注意事项

1. 应在实训指导教师的指导下进行实训，正确使用实训设备、工量具和器材；
2. 实训要严肃认真，按时、按组、按项目、按要求进行；
3. 认真执行实训室有关规定和安全操作规程，爱护设备和器材，杜绝事故发生，确保人身安全。

(三) 设备/工具/耗材要求

设备：大修竣工的汽车一辆；制动实验台、侧滑实验台、四轮定位仪各一台。
工具：常规工具一套。
耗材：无。

(四) 实训操作指导

1. 进厂检验

送厂大修的汽车，进厂时应以承修单位的技术检验员为主，并有送车单位的代表和原车驾驶员参加，共同进行检查。检查时应以该车送修的技术鉴定书、车辆技术记录、送修前的车况调查资料以及驾驶员的口头反映等为依据。在进行外部检视、必要的路试或测试仪器测试以及查对该车的技术装备、技术状况和主要损坏情况后，作出进厂检查的技术记录，提供给生产调度部门及生产车间，作为生产调度和施工的主要依据。进厂检查底盘部分的内容如下：

1) 传动部分

(1) 察听离合器是否发响，检查接合时是否有振动或打滑；
(2) 检查变速器换挡是否灵活，中、高速各挡在增加负荷时有无跳挡情况；
(3) 察听变速器有无不正常响声；
(4) 查看变速器壳有无裂缝和漏油情况；
(5) 察听传动轴中间轴承、万向节及传动轴与轴套的啮合有无响声。

2) 后桥部分

(1) 检查后桥壳有无用肉眼可看出的裂缝、弯曲和漏油情况；

(2) 查看后轮胎有无恶性磨损现象；

(3) 察听后桥在运转时有无不正常的响声。

3) 前轴和转向部分

(1) 检查前轴有无用肉眼可看出的裂缝和弯扭；

(2) 察看前轮胎有无单边磨损及横擦迹象；

(3) 检查转向盘的自由转动量和转向器在行驶时的操纵性能；

(4) 检查车辆在行驶时有无左右摇晃、跑偏和蛇行等情况。

4) 制动部分

(1) 检查车辆的制动性能以及有无单边滑溜等情况；

(2) 对气压制动的汽车，要检查压气机有无不正常的响声和窜油情况。

5) 车架和悬架部分

(1) 检查车架有无断裂、弯扭和铆钉松动的情况；

(2) 检查钢板弹簧的拱度及有无断损的情况。

2. 大修竣工验收

大修竣工验收是指送修汽车总成经过拆散、清洗、检验分类、修理、装配、试验、总装以后，对整个车进行静态和动态的检验。验收的技术标准是对承修单位修竣出厂的汽车综合性的整体要求，也是送修单位衡量所送修的汽车是否可以接收的基本标志。因此，这些要求虽然不是承修全过程中的全部要求，却是生产过程中按照标准规定进行各项作业的综合反映。

1) 整车检查

整车检查是汽车在路试(或仪器测试)前，在静止状态下进行的外部检视和发动机在空载情况下进行的检查。

(1) 车容检查

① 外观检查。喷漆表面应色泽均匀，无裂纹、剥落、起泡、流痕等现象；刷漆部分允许有不明显的流痕和刷纹。

喷漆或刷漆的目的是为了装饰的需要，也是保护金属和木材免受锈蚀、腐蚀。但由于油漆中含有有机溶剂，易使橡胶件老化，为了不影响零件的正常工作性能，故在不需要涂漆的部位，不得有漆痕。

油漆涂层的涂装工艺、质量指标和检验方法应按《油漆涂层》技术文件的规定。

② 车容外观。标准规定为左、右翼板应对称，离地面高度左右相差不大于 10 mm。相应措施是提高翼板和翼板支架的整形精度和它们在车架上的装配质量，以及保证钢板弹簧弧高、车架上平面的平面度、左右钢板弹簧座的平面度和轮胎的气压等因素。

标准规定货箱、驾驶室和大客车车身离地面的高度，左右相差不大于 20 mm。相应措施是提高这些总成的修理质量和装配质量，以及保证左、右翼板离地高度之差。

(2) 装备情况检查

① 汽车进厂时由于对装备情况提出了要求，因此在出厂时除对汽车的总装提出原则性的要求，各总成和附件应符合装车技术条件之外，车辆的附属装备应按规定配齐。也就是说，要按工艺要求进行装配和调试，调整状况应符合该车的技术条件。这些工作对整个车的质量有很大的影响，因此必须十分重视。

② 各种管路接头安装正确、不松动、不碰撞、不渗漏；电气线路完整，包扎、卡固良好；各种灯光、信号

标志齐全有效;大灯光度、光束符合要求;后视镜安装良好。

③ 全部润滑脂嘴装配齐全有效,所有润滑部位及总成内部均应按季节、品种及规定容积加足润滑油。

④ 散热器、发动机、驾驶室等各连接支承座垫应按规定装配齐全、完整,锁止可靠。

2) 各种技术性能的检查

(1) 前轮定位的技术性能检查

前轮定位包括前束、车轮外倾、主销内倾和主销后倾。其中任何一个参数失准都会使汽车操纵性变坏,直线行驶的稳定性降低,转向沉重,加速转向机构和轮胎的磨损,导致汽车油耗增加,动力性变坏,影响行车安全。标准规定汽车修竣后,前轮定位应符合原厂规定。

前束值的测量应符合规定,其测量的部位为沿轮胎水平中心线处,有的车辆则为内侧胎体或轮辋内侧边缘处。

主销后倾角是指在钢板弹簧总成安装后汽车满载时的数值。由于满载和空载时前轴负荷变化不大,所以对空载时测量的后倾角没有显著影响。主销后倾角采用不大于0.5°的楔形铁进行调整。

转向节主销内倾角不符合规定时,应检查前轴的变形情况。

进行前轮定位时,轮胎气压应符合原厂规定。

(2) 车轴、转向盘、踏板等技术性能检查

① 轴距。轴距左右差应不大于5 mm。轴距左右差值过大时,会影响汽车直线行驶的稳定性,增加运行阻力及燃油消耗,影响转向机构及差速器的使用寿命,使车架受力不均匀,轴距左右差值过大时,制动性能变坏。影响轴距左右差的原因,主要是受前后钢板弹簧固定支架销间的左右距离差以及前后轴上钢板弹簧定位销孔的位置和钢板弹簧的拱高的影响。

② 转向盘自由行程。为使转向操纵灵敏,最好是转向盘一转动,转向车轮也随之转动。但为缓和路面不平的冲击,使转向柔和,避免驾驶人员过度紧张,转向盘应有一定的自由转动量。

在转向器的标准中,转向盘自由行程应不大于15°。由于转向系各铰接处存在运动间隙,转向盘转动时,要消除传动零件之间的间隙,还要克服零件和轮胎变形,转向盘才能使转向车轮转向,所以总装后转向盘的自由转动量要增大。

由于结构不同,不同车型的转向盘自由行程是不同的。

转向盘自由行程的测量方法是将转向盘自由行程检测仪的刻度盘通过磁座吸附在转向管柱上,指针固定在转向盘外缘。检测时,汽车处于直行位置,正、反转动转向盘,记下遇有阻力时弧尺上的角度差值。

③ 原地转向力。指汽车在静止状态时,在转向盘外缘测出转动转向车轮的力。原地转向力可初步判定转向是否轻便。

原地转向力的测量方法是将汽车停在光洁坚硬的水平路面上,用转向参数测量仪检测,从转向车轮直线行驶位置开始,向右慢转转向盘,至最大转角;再向左转动,至最大转角后,测定转向盘转角与转向盘上的圆周力,注意记录转向车轮开始滑动点。相反转向重复一次,作出关系曲线,以曲线上转向盘转角为零时的圆周力为原地转向力。

④ 踏板。离合器踏板、制动踏板的自由行程应符合标准规定。

(3) 汽车自重

汽车在修理过程中,由于经常采用焊补、附加构件或代用材料等方法修理总成和零部件,造成汽车自重的增加。自重增加后,汽车的滚动阻力、加速阻力、上坡阻力也随着增加,加速时间延长,燃料消耗

增加。汽车自重每增加1%，加速时间将延长5%，油耗增加0.3%～0.4%。验收中虽然没有明文规定自重这个参数，实质上是通过限制加速时间和油耗制约了汽车自重的增加。

3）路试或仪器试验

汽车的总成和附属装备在修理过程中须按规定的要求进行磨合试验，合格后方可装车。

总装后的汽车还须进行整车测试，目的在于检验总装质量。因为总成和附属装备在台架试验时是以特定的规范进行的，尚不能反映各总成及附属装备组合时的情况，也不能反映汽车运行时的千变万化的复杂工况。

（1）路试主要条件的选定

考虑到目前我国大多数单位所能选择的道路试验条件，性能试验应在平坦干燥、清洁的路面，长度和宽度应适应测试要求，在纵向坡度不大于±1%的直线跑道上往返进行。

汽车修理后，因为发动机装有限速装置，试车速度不宜超过40 km/h，除作加速测试外，一般车速控制在20～30 km/h，且应从低速逐渐转换到高速，路试采用空载试车。为使各部件能逐步磨合，较准确地反映工作情况，试车里程应在20～30 km之间。性能试验应达到正常热状态（发动机水温在80℃～90℃；发动机机油温度在50℃左右）进行。

路试中，除应注意汽车各总成的工作性能、工作声音外，对转向机构和制动系统更应密切注意，发现异常，应停车检查，找出原因，消除故障后再继续进行路试。

由于路试是在对汽车性能的可靠性、安全性尚不熟知的情况下进行的，而且要诊断故障，因此路试还应在交通流量比较小的道路上进行。

（2）滑行性能

汽车滑行的性能通常是以汽车用规定的初速度，空挡滑行减速到某一未速度时所通过的距离（即所谓滑行距离）来评定的。或者是汽车在空挡、放松制动，正直地停放在水平坡度不大于1%的路面上，用拉力计拉动时的拉力大小来评定的。汽车滑行性能是综合评价底盘各机构技术状况的标志。

考虑到汽车大修竣工时，发动机有限速装置，不同于新车经过2 500 km磨合后才进行滑行距离的测试。对大修竣工的汽车，以30 km/h车速开始滑行到停止，其滑行距离一般应在220 m以上。

测试方法：发动机冷却水温度、机油温度及各总成油温应正常稳定，汽车具有(30±1)km/h的稳定车速。在进入滑行区段后迅速踏下离合器踏板，同时脱挡，滑行至停车。滑行期间，汽车应保持直线行驶，不允许用制动器，也不允许为减小行驶阻力而拆卸汽车的装置，绝不能用增大轴承间隙等不符合技术规定的方法来获得较长的滑行距离。因为这不仅会增加行驶阻力，而且会影响汽车的使用寿命和行驶安全。

（3）制动效能

将行驶中的汽车强制地降低到任意的行驶速度甚至停车，下长坡时又能维持一定速度，称为汽车的制动效能。

评价汽车制动效能的指标一般有制动距离、制动减速度、制动力和制动时间。

制动距离是一个比较简单而综合的指标，它能反映驾驶人踏制动踏板到汽车完全停止下来所经过的距离，是保证车辆在紧急制动时能在较短的距离内停下来，确保安全的直观指标。

① 在用车采用制动距离作为评价制动效能的指标。

制动距离是驾驶人踩下制动踏板到停车所行驶的距离，即包括制动系统协调时间，因而不是单纯的车轮"拖压印"距离，所以一般采用五轮仪或省市监理部门认可的测试设备和仪器进行测量。

在用车采用空载降低气压（或液压制动踏板力）来检测制动距离。它是经过大量空载和满载测试比较后确定的，既考虑到我国在用汽车进行检测的可行性，也基本符合以空载时某一低气压下的制动性能来定性考察该车满载时的可靠性这一要求。

对制动稳定性采用了不跑偏定性规定，规定要求车速为 20 km/h 时的紧急制动和 40 km/h 时的点制动时汽车不得跑偏。

② 台试车采用制动力作为评价制动效能的指标。对于台试制动的制动规范相应规定：

汽车可用制动力检验制动性能：出厂新车应具有原厂设计的制动力，且应分配合理。在用车辆的制动力应不低于原厂设计制动力的 90%。

制动力的平衡要求：前轴左右轮之差不得大于 5%；后轴左右轮之差不得大于 10%。其检验条件为：在紧急制动情况下，气压制动系统气压表的气压为额定工作气压；液压制动系统施加于脚踏板上的力无加力装置为 700 N。

对制动系统协调时间的要求：液压制动系统按汽车总质量要求，总质量小于 4.5 t，时间不得大于 0.3 s；总质量小于 12 t 大于 4.5 t，时间不得大于 0.45 s；总质量大于 12 t，时间不得大于 0.56 s。气压制动系统中型汽车时间不得大于 0.5 s。

制动完全释放时间均不得大于 0.8 s。

4）其他性能及路试检查

(1) 其他性能检查

为了保证行车安全，转向操纵机构必须绝对可靠。转向应轻便灵活，转向车轮不得有摇摆、振动、跑偏和转向沉重等现象，最小转弯半径按前外轮迹符合规定。

离合器应接合平稳，分离彻底，不打滑，不发抖，不发响。

变速器换挡应灵活，不跳挡，不乱挡，无异响。

传动轴和驱动桥不应有异响。

(2) 路试后检查

各部分温度应正常，冷却水温度不应超过 90℃，机油温度应不高于 95℃，轮胎温度应不高于 85℃。制动鼓、手制动盘、车毂、驱动桥以及传动轴中间轴承不应有过热现象。

各部分应无漏油、漏水、漏气、漏电等现象。

修竣出厂的车辆，应再次检查并紧固转向机构各部分螺栓，传动轴接头各部分螺栓，前、后钢板弹簧骑马螺栓，半轴及轮胎螺母等。

汽车经过路试或仪器试验后，应消除所发现的故障。对于须解体总成而消除故障的，应重新做一次相应的路试或仪器试验，直至完全符合标准要求，方可出厂。

(五) 技术要点

1. 轴距左右差应不大于 5 mm；
2. 转向盘自由行程应不大于 15°；
3. 对大修竣工的汽车，30 km/h 车速开始滑行到停止，滑行距离一般应在 220 m 以上；
4. 在用车辆的制动力应不低于原厂设计制动力的 90%；
5. 制动力平衡要求：前轴左右轮之差不应大于 5%；后轴左右轮之差不应大于 10%；
6. 制动完全释放时间均不得大于 0.8 s。

二、工作页

1. 进厂检验

对进场车辆检验，写出检验结果，如需维修写出维修工艺。

检验内容	检验结果	维修工艺
传动部分		
后桥部分		
前轴和转向部分		
制动部分		
车架与悬架部分		

2. 大修竣工验收

检验内容		检验结果	维修工艺
整车检查	车容检查		
	装备情况		
技术性能	前轮定位		
	车轴		
	踏板		
	转向盘		
	制动性能		
	其他		

三、复习思考题

1. 汽车底盘进厂检验的基本内容有哪些？

2. 大修竣工验收包括哪些内容？